JN255937

やるべきことが**スッキリ**わかる！

\ 考え、議論する /

道徳授業の
つくり方・評価

丸岡 慎弥
Maruoka Shinya

学陽書房

はじめに

　全国の小学校で、一斉に「特別の教科 道徳」がスタートしました。教科書を使った授業、道徳の評価が、はじめて導入されます。

　読者のみなさんは、「特別の教科 道徳」がスタートする今、どのようなことを感じているでしょうか。

　「道徳も教科になる。きちんと授業をしていかないと……」という、やらなければならないという責任感でしょうか。

　それとも、「道徳の授業って、どうすればいいのかぜんぜん分からない。何かいい方法はないかな……」という不安感でしょうか。

　あるいは、「そもそも、道徳の授業をするのが嫌なんだよな〜。どうしよう……」という嫌悪感でしょうか。

　せっかく始まった「特別の教科 道徳」ですから、日本中の先生方に「子どもたちと楽しい授業ができそうだ！」「ものすごく楽しくてたまらない！」というわくわく感をたっぷりもっていただきたいと思います。これは、先生方のみならず、子どもたちについても同様です。

　私自身、週に一度の道徳授業を楽しみに待っています。週に一度ある道徳授業までに、「次の授業では、子どもたちにどのような問いを出そうか？」ということはもちろんのこと、「子どもたちがどんな意見を出すだろうか？」という期待感や、「そもそも

003

○○って何だろう？」と次回の授業で扱う価値項目について自分自身の中で思考を深める時間をとても楽しんでいます。

　また、授業では、子どもたちが感じたことを共有することに始まり、生み出された問いに対して、子どもたちからはじつにさまざまな角度から意見が出され、学級内で意見交流をしています。授業の終末では、道徳的価値に対する自分なりの意見を深めながら考えることに取り組んでいます。そして、毎回の授業後に読む子どもたちの授業の感想をとても楽しみにしています。そこには、私が思いもよらないような深い意見や、「なるほどなぁ～」と共感できる意見など、さまざまな感想が書かれているからです。

　一方で、そうした道徳授業を、子どもたちはどのように感じているでしょうか。

　ある子は、「道徳の授業は、友達の意見を聞き、自分を広げていく大切な時間だ」と言いました。また、ある子は、「道徳とは、新しい自分を発見する時間だ」と言いました。どちらの意見もなるほどと感心させられると同時に、道徳授業を子どもたちがそのようにとらえていることをうれしく思いました。

　それでも、「そうは言ってもどうすれば……」と、なかなか不安を払拭できない先生もいらっしゃることでしょう。

　そこで、本書を記させていただきました。

　本書では、私自身が日々駆使している道徳授業の仕掛けや方法をふんだんに紹介しています。どの方法も、誰にでもすぐにできて、しかも、効果を実感していただけるものばかりです。試していただければ、教師も子どもたちも待ち遠しくなるような授業へと変わっていくことでしょう。いずれも私が繰り返し実践をくぐらせ、効果実証済みのものばかりです。ぜひ、日々の授業の中で取り組んでいただければと思います。

　また、「評価」についても分かりやすく記させていただきました。「数値などによる評価は行わない」「個々の内容項目ごとではなく、大くくりなまとまりを踏まえた評価とすること」など、今回の教科化にあたってはさまざまな考え方や観点が打ち出されましたが、それらの大切なエッセンスを抽出した上で、普段の授業ではどのような視点で子どもたちの姿を見ればいいのかという現場視点の評価についても触れています。

　道徳が教科化されたことをきっかけに、全国の教室で、教師も子どもも授業が待ち遠しくてたまらなくなることを願ってやみません。本書がそのわずかなきっかけになればと願っています。

2018年3月1日 春一番が吹き荒れる明け方に

丸岡　慎弥

CONTENTS

はじめに 3

CHAPTER 1 「特別の教科 道徳」を成功させる
学級づくりのポイント

1 道徳授業の土台となる「対話できる学級」 14

2 「聞く」姿勢を徹底して身につけさせる 16

3 どんな意見でも「認める」ことから始めよう 18

4 朝の会で子どもたちが自分の思いを語る機会を確保する ... 20

5 ペアトークやグループトークでの話し合いを日常化する 22

6 離席させて思い思いに話し合わせる 24

7 呼吸をするように「書くこと」を身につけさせる 26

8 「特別の教科 道徳」を成功させる学級づくりのポイント
　　　低学年 28

9 「特別の教科 道徳」を成功させる学級づくりのポイント
　　　中学年 30

10 「特別の教科 道徳」を成功させる学級づくりのポイント
　　　高学年 32

Column 1 「道徳読み」との出合い 34

CHAPTER 2 「特別の教科 道徳」を成功させる 授業づくりの基礎・基本

1 「教材研究」のポイント**❶**
素材研究こそ教材研究の出発点 36

2 「教材研究」のポイント**❷**
「道徳読み」で教材を見てみよう 38

3 「教材研究」のポイント**❸**
教材文に書き込みをして何度も読み込む 40

4 「教材研究」のポイント**❹**
その教材で「問いたいこと」は何かを考える 42

5 「教材研究」のポイント**❺**
導入・中心発問を考える 44

6 「教材研究」のポイント**❻**
自分自身を知る 46

7 「教材研究」のポイント**❼**
自分自身を高める 48

8 「めあて」設定のポイント**❶**
道徳授業の目的は「道徳観」を磨くこと 50

9 「めあて」設定のポイント**❷**
道徳観を磨くためには「対話」にこだわる 52

10 「めあて」設定のポイント**❸**
教材との対話で「道徳」を見つけさせる 54

11 「めあて」設定のポイント④
教師との対話で思考を刺激する 56

12 「めあて」設定のポイント⑤
友達との対話で異なる意見を知る 58

13 「めあて」設定のポイント⑥
自分自身との対話で自分の考えを深く掘り下げる 60

14 「机配置」を使いこなす①
目的に応じて机配置を自在に使いこなす 62

15 「机配置」を使いこなす②
「一斉型配置」で興味をぐいぐい引き出す 64

16 「机配置」を使いこなす③
「議論型配置」で一人一人の思考を深めさせる 66

17 「机配置」を使いこなす④
「コの字型配置」で話し合いをどんどん深めさせる 68

18 「机配置」を使いこなす⑤
「グループ型配置」で全員に対話させる 70

19 「机配置」を使いこなす⑥
「サークル」になって思いを伝え合わせる 72

20 「導入」で子どもを授業に引きつける①
なぜ導入が大切か？① ── 意欲付け 74

21 「導入」で子どもを授業に引きつける②
なぜ導入が大切か？② ── 全員を授業に参加させる 76

22 「導入」で子どもを授業に引きつける**❸**
「自分ごと」としてとらえられるようにさせる ……………… 78

23 「導入」で子どもを授業に引きつける**❹**
「過去」を聞くようにする ………………………………… 80

24 「導入」で子どもを授業に引きつける**❺**
「うんうん！」と子どもが頷ける導入の発問がカギ ……… 82

25 「導入」で子どもを授業に引きつける**❻**
「未来」を見せて教材に期待をもたせる ………………… 84

Column 2 笑顔で話し合う二人 …………………………… 86

CHAPTER **3** 「特別の教科 道徳」を成功させる
授業の組み立て

1 「気付き」から授業を組み立てる**❶**
まずは教材を読んで印象に残ったことを聞く ……………… 88

2 「気付き」から授業を組み立てる**❷**
授業に必要な意見をキャッチする ………………………… 90

3 「気付き」から授業を組み立てる**❸**
意見をまとめて「中心発問」につなげる ………………… 92

4 意見を構造的に深める「板書術」**❶**
構造的な板書づくりのために必要なこと ………………… 94

5 意見を構造的に深める「板書術」❷
構造的な板書づくりパターン1　発散型 ……………… 96

6 意見を構造的に深める「板書術」❸
構造的な板書づくりパターン2　収束型 ……………… 98

7 意見を構造的に深める「板書術」❹
構造的な板書づくりパターン3　時系列型 ……………… 100

8 意見を構造的に深める「板書術」❺
構造的な板書づくりパターン4　ディベート型 ……… 102

9 意見を構造的に深める「板書術」❻
構造的な板書づくりパターン5　縦方向（上⇔下）型 ……… 104

10 心を奮い立たせる「中心発問」❶
子どもが本気で考える発問の条件とは ……………… 106

11 心を奮い立たせる「中心発問」❷
導入での子どもの印象を土台に発問を活かす ……… 108

12 心を奮い立たせる「中心発問」❸
「A か B か？」「○か×か？」の
二項対立型発問で子どもの思考を刺激する ………… 110

13 心を奮い立たせる「中心発問」❹
二項対立に「少しの工夫」を加えて
さらに思考を刺激する ……………………………… 112

14 心を奮い立たせる「中心発問」❺
選択肢を用いない発問で思考を刺激する …………… 114

15 心に落とし込む「授業のまとめ」**①**
自分の言葉でまとめの感想を書かせる ……… 116

16 心に落とし込む「授業のまとめ」**②**
授業最後の発問にこだわる ……… 118

17 心に落とし込む「授業のまとめ」**③**
まとめで余韻を残す ……… 120

18 心に落とし込む「授業のまとめ」**④**
教師の感動を言葉以外のものにのせて伝える ……… 122

19 心に落とし込む「授業のまとめ」**⑤**
説話ではなく子どもの言葉で印象に残す ……… 124

20 心に落とし込む「授業のまとめ」**⑥**
ときには教師の語りで授業を終える ……… 126

Column 3 自分自身に哲学的な問いを向ける① ……… 128

CHAPTER **4** 道徳授業以外でも!
必ず子どもに教えておきたい「道徳」

1 立腰 ……… 130

2 挨拶 ……… 132

3 返事 ……… 134

4 履き物揃え ……………………………………… 136

5 時を守り、場を清め、礼を正す …………………… 138

6 メンタルヴィゴラス ………………………………… 140

　　Column 4 自分自身に哲学的な問いを向ける② …………… 142

CHAPTER **5** 不安解消！ 「特別の教科 道徳」を
成功させる評価のポイント

1 新学習指導要領が目指す道徳評価とは ……………… 144

2 指導要録への記載と通知表での示し方 ……………… 146

3 道徳教育評価と道徳授業評価 ……………………… 148

4 年間を通した評価と授業１コマについての評価 ………… 150

5 評価規準・評価観点の作成ポイント ………………… 152

6 道徳授業評価の方法とポイント …………………… 154

　　Column 5 「道徳読み」で知った子どもの感性の豊かさ …… 156

おわりに ……………………………………………… 157

CHAPTER **1**

「特別の教科 道徳」を成功させる

学級づくりの
ポイント

道徳授業を充実させ、成功させていくカギは、学級づくりにあります。

道徳では、子どもたちが自分の思いを伝え合います。

それは学級風土が安全で安心した空間でなければ実現できません。

本章では、安全で安心した学級づくりについて紹介します。

CHAPTER 1

道徳授業の土台となる「対話できる学級」

いよいよ「特別の教科 道徳」が始まります。たくさんのことが大きく変わり、不安です。まずは、学級で何から取り組んでいくといいのでしょうか。

ここがポイント！

『安全・安心な学級づくりに力をそそぐ』

まずは安全・安心の中で対話できる学級を

「特別の教科 道徳」の授業がいよいよスタートします。まず、学級で取り組むべきことは、「安全・安心の中で対話できる学級をつくる」ということです。

道徳の授業は、子どもたちの心の声を交わし合うことで成り立ちます。そのためには、「全員がどんな意見でも言える学級の雰囲気」が欠かせないのです。もちろんこれは、道徳の授業だけで構築するものではなく、学級内のすべての活動で構築していくものです。

安全・安心の中で対話できる学級のつくり方

では、どのようにすれば安全・安心の中で対話できる学級をつくることができるでしょうか。

まずは、教師が授業の内外で「よいことはよい、悪いことは悪い」とはっきりと示すことです。学級におけるルールづくりが曖昧になってしまうと、子どもたちは安心感を得ることができません。「どんな意見でも言っていいんだ」という安心感をもたせることが大事です。

日頃から、教師が「どんな意見も大切な意見だよ」と伝え続けていきましょう。

「対話スキル」上達のコツ

もちろん、「対話スキル」も上達させなければなりません。いきなり学級全体の前で意見を言うことが苦手な子が多いときには、ペアトーク（二人組で話すこと）から始めましょう。話題は何でもかまいません。「今日の朝ごはん」「好きなテレビ」などどんなことでもいいのです。

ペアトークに慣れたら、さらに、グループで話をすることを取り入れていきましょう。小集団で対話することに慣れていくことから始めます。

▶ *Advice!*

「対話スキル」を上達させるには、「話し手」「聞き手」を決めて行うことです。また、対話の時間（20 ～ 30 秒）を設定することも大切です。学年や学級の実態に合わせて「少し短いかな」と思う程度の時間から始めましょう。

CHAPTER 1 「特別の教科 道徳」を成功させる学級づくりのポイント **015**

CHAPTER 1 − 2
「聞く」姿勢を徹底して身につけさせる

ペアやグループで話し合い活動をする際に、対話スキルを取り入れて取り組みを重ねていますが、なかなか対話が深まりません。どうすればいいのでしょうか。

ここがポイント！
『対話は「聞き手」こそが重要』

😊 対話で大切なのは「聞き手」

　「対話をする」と聞くと、話し手の子どもを思い浮かべることがほとんどではないでしょうか。しかし、対話をするためには「話し手」と同様に「聞き手」が必要です。そして、授業の中で子どもが発言するときには「話し手」は一人であり、その他大勢が「聞き手」となります。

　対話の質を高め、話し合いによる道徳授業へと発展させるには、聞き手こそを育てる必要があるのです。

😊 質の高い「聞き手」を育てるために

　聞き手を育てるためには、まず上記のような聞き手の重要性を教師が子どもたちに語る必要があります。そして、「友達の意見は、目と心で真剣に聞こう！」と心構えを学級全体で共有しておくことも必要です。

　さらに、「聞き手スキル」として「話している人のほうを向くこと」「要所でうなずきながら聞くこと」「ときには合いの手を入れること」を指導します。

😊 さらに聞き手の力を育てるために

　聞き手の力をさらに育てるには、「子どもたちの意見をつないで学習を深める」ことが必要です。ある子が発言した後に「今の○○君の意見と同じ人は〇、違う人は×を書いてみましょう」などと、その子の発言を活かして授業を展開するのです。また、数人が発表した後に、「Aさん、B君、Cさん、Dさんの意見を聞いて、自分の考えに近い人は誰でしたか？」などと問いかけるようにすると、子どもたちは聞かなければ学習に参加できなくなると実感していきます。

　そうしたことを積み重ねることで、聞き手を育てていくのです。

➤ *Advice!*

　「聞き手スキル」の習得は、低学年のうちから指導を積み重ねていけば効果的です。そのため、高学年になってから取り組み始めるときには、「何のためにその聞き手スキルを使うのか？」ということを丁寧に説明しましょう。

どんな意見でも「認める」ことから始めよう

授業中に子どもたちがなかなか発言しようとしないため、話し合い活動を深めることができません。何から始めたらいいのでしょうか。

ここがポイント！

『まずは子どもたちのどんな意見でも教師が認める』

😊 どんな学級でもスタートは同じところから

力のある教師の教室を覗いたとき、たくさんの子どもたちが自分の意見をはっきりと発表している姿を見かけることが多いのではないでしょうか。しかし、その教師の学級でも、学級開きの時点では、まだ子どもたちはおそるおそる発言をし、ポツリポツリと意見を言うような状態からスタートしているはずです。

スタートはその状態でも、どんな意見も認める教師の姿勢によって、子どもたちの発言力が徐々に育っていきます。

😊 子どもたちの発言にフィードバックを

どんな意見も認めるためには、教師にもスキルが必要です。それは、子どもたちの発言に対して、短くフィードバックをするということです。「○○という意見がいいね！」「○○かぁ！　それはおもしろいなぁ！」などと、ほめ言葉を一言添えて返していくといいでしょう。

また、挙手をして発言をすることが苦手な子にも、ときには教師が指名をするなどして発言の機会を確保し、フィードバックも手厚くします。

😊 発言する前にできる手立て

子どもたちが発言することに抵抗をなくすための手立てとして、「発言前の指導」があります。

発言の前に、まず子どもたちに意見をノートに書かせ、机間指導をしながら丸を付けて回ります。ときには「ここがいい！」と思う箇所に波線を入れてあげたり、花丸を書いてあげたりします。

そうやって、「あなたの意見は素晴らしいんだよ」ということを発言前に認め、自信をつけさせるのです。

≡▶ *Advice!*

子どもたちの発言後に、教師がどのようなリアクションをとるかというような「教師の司会力」で、授業の熱が大きく変わります。TV番組の一流の司会者などの司会術を参考にすることも司会力アップの秘訣です。

CHAPTER 1 「特別の教科 道徳」を成功させる学級づくりのポイント **019**

朝の会で子どもたちが自分の思いを語る機会を確保する

子どもたちが、しっかり「自分の思い」を語れるような道徳授業がしたいと思っています。思いを語れる授業につながるような学級での取り組みはありませんか。

ここがポイント！
『思いを語る場を定着させる』

思いを語ることを日常化させてしまう

道徳の授業では、子どもたちが自分の思いを語る場面が多くあります。しかし、自分の思いを語るということは、一朝一夕にできるものではありません。

そこで、学級の取り組みとして「自分の思いを語る場」を用意します。朝の会や掃除の時間の後、終わりの会など、機会を見つけて取り組みましょう。そして、学級のシステムとして定着させ、子どもたちが自分の思いを語ることを日常化させてしまうのです。

朝の会に設定するとほぼ毎日実施可能

私は、朝の会（学級では朝礼と呼んでいます）の1コマで自分の思いを語る場として「スピーチ」の時間を設定しています。学級の人数が多く、朝の会の時間内で全員が語れないときには、スピーチだけ班内で取り組ませるのもいいでしょう。子どもたちにとってはハードルが下がり、所要時間も大幅に短縮することができます。

朝の会に設定すれば、ほぼ毎日実施することができます。

「スピーチ」では「テーマ」を設定する

「スピーチ」をする際は、「テーマ」を日替わりや週替わりで設定するといいでしょう。「将来の夢」「どんな自分になりたい？」「今日頑張りたいこと」「自分のクラスの好きなところ」「自分の好きなところ」など、多様なテーマを提示するようにしています。

こうして思いを語ることが日常的になると、道徳はもちろん、他教科でも子どもたちは発言したがるようになります。

➤ *Advice!*

「スピーチ」では、話す時間を決めて取り組むようにしましょう。低学年では10秒程度、中学年では20秒程度、高学年では30秒程度を目安にして実施していきます。

CHAPTER 1 「特別の教科 道徳」を成功させる学級づくりのポイント **021**

ペアトークやグループトークでの話し合いを日常化する

「何か意見がある人？」と子どもたちに聞いても、数人しか発言しようとしません。どうすれば、全員が発言しようとするでしょうか。

ここがポイント！

『ペアトークやグループトークで話し合いが高まる』

まずは一人一人の発言力を鍛える

「意見がある人？」と求めても決まった数人しか挙手しない状況では、学級全体が発言することに慣れている段階にあるとは言えません。まずは、一人一人の発言力を鍛えることから始めなくてはいけないのです。そのためには、全員に発言の機会をあたえて鍛えることが必要です。

ペアやグループの単位で話し合いの機会を増やし、ペアやグループ内で話した後に全体で発言を求めるようにします。

ペアトークの指導ポイント

ペアで話し合いの機会を設定し、その機会を増やしたからといって、すぐに全員が発言するようになるわけではありません。ペアでの話し合いを指示した後に学級の様子をよく見ると、ペアでも話ができていない子どもたちがいます。

そんなときは、教師が近づいて個別指導（教師から質問してみるなど）をしたり、「話し終わったペアは手を挙げましょう」などと確認をとったりする指導が必要です。確認の指導を通して、「まず、やってみる」の体験を蓄積させます。できていないことをそのままにしてしまうと、いつまでもできるようにはなりません。

グループトークの指導ポイント

グループでの話し合いでは、仕切り役（司会者）を立てるようにします。三人以上になると、仕切り役がいなければグループの話し合いが活性化しなかったり、整理がされなかったりするからです。

「話し合い前後の挨拶」「グループ全員に意見を振る」「意見をまとめる」といった仕切り役の役割を教師が明示するようにしましょう。

≡> *Advice!*

ペアトークやグループトークの目的をきちんと設定して指導するようにしましょう。発言に慣れさせるためのペアトークやグループトークであれば、すでに話し合いが日常化している学級で実施する必要はありません。

CHAPTER 1 「特別の教科 道徳」を成功させる学級づくりのポイント **023**

CHAPTER 1
6 離席させて思い思いに話し合わせる

道徳の授業がなかなか活性化していきません。どうしても雰囲気が暗くなってしまいます。何か手立てはないでしょうか。

ここがポイント！
『思いきって子どもたちを立ち歩かせよう』

教室が一気に活性化

　全体での発言、ペアトークやグループトーク、これらはすべて自席で行うものです。もちろん、これが基本なのですが、ときには思いきって子どもたちを離席させ、動かしていくような活動を仕組んでみましょう。

　「今から○人と意見交換をします。自分の班の人に聞いてはいけません」などと指示をして、教室内を自由に立ち歩かせるのです。教室は一気に子どもたちの意見交換の声と歩く音に包まれます。

離席させて意見を聞かせることで育つ力

　離席させることで、「自分から意見を聞きにいく」という主体性を育てることができます。また、人から声をかけてもらうという経験も同時に得ることができます。さらには、「今、声をかけてもらえていない人はいないかな？」と友達を気遣う姿勢も育てることができるのです。

　「席を離れて意見を交換しにいく」だけの活動ですが、主体性だけではなく周囲の状況の把握といったことまでを意識して行うことができます。

必ず条件提示を

　離席させる際には、「○人と意見交換をしましょう」「○分で○人以上と意見交換をしましょう」など、行動のゴールをはっきり示す条件を提示をします。また、子どもたちには、「意見交換の前後には挨拶をすること」「ノートと鉛筆を持って聞きにいくこと」を指導するようにしましょう。そして、それぞれが意見を交換した後には、ノートを交換してサインをし合うこともおすすめです。授業内でも仲間づくりを推し進めることができます。

　ときには、「男女混合ペアで意見交換をしなさい」などと、より具体的な条件を付けてもいいでしょう。意見交換をする範囲が広がります。

▶ Advice!

　積極的に声をかけることができる子には、意見交換ができなくて困っている人はいないかを確認することも指導しましょう。また、声をかけることが苦手な子には、声のかけ方を具体的に指導しましょう。

CHAPTER 1 — 7

呼吸をするように「書くこと」を身につけさせる

中心発問に対しての意見や授業の感想を書かせるときに、子どもたちは文章で思いを表すことがうまくできていません。どう指導すればいいでしょうか。

ここがポイント！

『いつでも無意識に書くことができる子に』

😊 「書くこと」への抵抗をなくす

「歩くように、呼吸をするように、書けるようにならなくちゃいけない」。これは、国語科授業名人の野口芳宏先生の言葉です。歩くことや呼吸をすることは、その都度意識して行っていることではありません。すべて無意識に行っていることです。同じように、書くという行為も無意識な状態で書けるようになろうということなのです。

もちろん、子どもたちにとって書くことにまったく抵抗がなくなるという域に達するまでには、かなりたくさんのハードルがあります。しかし、そのような域を目指すことにこそ意味があるのです。

😊 書く時間は自分自身と向き合う時間

なぜ、道徳の時間には書くことが必要なのでしょうか。それは、自分の意見を整理するためであり、自分が発問や教材に対してどのように考えたのかということを可視化するためです。

自分で考えをノートに書く時間は、自分自身と向き合い、対話をする重要な時間です。そして、自分自身と向き合うことに集中するためにも、書くことへの抵抗は少なければ少ないほうがいいのです。

😊 あらゆる場面で「書くこと」を

道徳以外の時間でも、書く時間を意識的にとるようにしましょう。また、B5 サイズのノートを半分に切ったものを用意して子どもたちに配付し、日常において感じたことを記録させることも効果的です。

あらゆる場面で「書くこと」の取り組みを入れるようにします。

➡ *Advice!*

「低学年は書くことに時間がかかる」と思われがちですが、そんなことはありません。書くことにどれだけ慣れているかが、かかる時間に影響してきます。学年は気にせず、書く取り組みをどんどん行っていきましょう。

CHAPTER 1 「特別の教科 道徳」を成功させる学級づくりのポイント **027**

CHAPTER 1

8 「特別の教科 道徳」を成功させる学級づくりのポイント 低学年

低学年の担任をしています。低学年において、「特別の教科 道徳」を成功させるポイントとは、ずばり何でしょうか。

ここがポイント！

『「低学年だからこそ」という視点での授業づくりを』

😊 授業のルールをしっかりしつける

　学年が下であればあるほど、「学習のしつけ」が重要となります。教師の言うことを素直に聞くことから始まり、授業中の基本的なルールである「友達の意見は黙って聞く」ことなどをしっかり身につけさせましょう。

　「躾」という漢字は、「身を美しくする」と書きます。しつけをすることにためらいを感じてはいけません。子どもたちの成長のために行うことと肯定的にとらえて、まずは子どもたちをしっかりしつけていきましょう。

😊 心情理解の授業を大切にする

　例えば、低学年の教材には、「はしのうえのおおかみ」「二わのことり」など、子どもたちの心情に真っ直ぐに訴えるものが多くあります。子どもたちと一緒に教材を読み合い、子どもたちが教材から感じる登場人物の心情理解を大切にし、授業を進めることがポイントです。

　また、必要なときには、教師が「勇気」や「家族愛」などの道徳的諸価値についてはっきりと教えることもためらってはいけません。どんなこともスポンジのように吸収できる低学年です。そのよさを活かした授業を意識しましょう。

😊 問題解決的な取り組みもおそれずに

　「低学年だから、問題解決に向けて話し合いをするような授業は難しいのではないか？」と思われるかもしれませんが、そんなことはありません。2学期の後半や3学期の実施を目標に、ぜひ、問題解決的な授業にも挑戦していきましょう。

　1時間ずつ道徳授業を積み重ねていくことで、必ずや話し合いができる集団へと学級を高めることができます。

➤ *Advice!*

> 「低学年だから」ではなく「低学年だからこそ」という視点で授業づくりを行いましょう。前述（CHAPTER 1-1~7）の土台があれば、低学年の子どもたちも、課題に対して真剣に議論するなど、教師が驚くような姿を見せてくれます。

CHAPTER 1 「特別の教科 道徳」を成功させる学級づくりのポイント **029**

CHAPTER 1

9 「特別の教科 道徳」を成功させる学級づくりのポイント 中学年

ギャングエイジと呼ばれ、元気いっぱいの中学年には、どんなことに気を付けて「特別の教科 道徳」の授業をすればいいでしょうか。

ここがポイント！

『「考え、議論する道徳」への積極的チャレンジを』

問題解決的な道徳授業への挑戦を早い時期から

低学年の頃に比べて、より多くのことができるようになる中学年。ぜひ、一つだけではなく二つ上の深い授業を目指してみましょう。「考え、議論する道徳」の代名詞でもある問題解決的な道徳授業への積極的な挑戦を、早い時期から取り入れてみてください。

早い時期から取り組めば取り組むほど、1年をかけて子どもたちの議論する内容を深めることができます。

基本を教えてあるからこそ

といっても、4～5月の段階では、子どもたちはやる気はあっても、まだ議論のスキルやノウハウが不足しています。まずは、丁寧に「議論の仕方」など授業ルールについて教えるようにしましょう。よく問題に挙がる「活動あって指導なし」では、授業をする価値はありません。

教師が教えたことが土台にあるからこそ、子どもたちは安心して議論などの学習活動に取り組むことができるのです。

リード・サポート・バックアップの考えをもつ

「もう子どもたちだけでも話し合いが展開できそうだ」と思ったら、思いきって子どもたちに活動を任せてみましょう。もちろん、「ここは任せてもいいな」と思える活動に限ります。この「任せる」というのは、「リード・サポート・バックアップ」という考え方に基づきます。

教師がリードし、サポートに回り、最後はバックアップする。そんな展開を、1年間を通してイメージするようにします。4～5月からこうした見通しをもって子どもたちへの指導にあたることが大切です。

➤ *Advice!*

中学年は、教師の言うことを素直に聞く力もありつつ、自分たちで考えて行動することもできる時期です。「教えて、考えさせる」ということを意識し、教えつつも子どもたちに任せていってみましょう。

CHAPTER 1 「特別の教科 道徳」を成功させる学級づくりのポイント **031**

CHAPTER 1 10 「特別の教科 道徳」を成功させる学級づくりのポイント 高学年

中学校への橋渡しともなる高学年の指導。日頃の授業ではどんなことを意識して授業づくりに挑めばいいのでしょうか。

ここがポイント！

『授業はまさに「真剣勝負」で』

「真剣勝負」を生み出す授業づくりを

　小学校生活の最終段階となる高学年では、議論の内容も幅広く、質の高いものが期待できます。ぜひ、思いきった授業展開や発問を考えてみましょう。そのような授業は、まさに教師と子どもとの「真剣勝負」と言えます。ときには、教師が子どもたちとともに議論することも起こり得ます。ぜひ、そのような熱い姿勢で授業づくりをしていきましょう。

高学年だからこそ気を付けること

　ただし、高学年で道徳授業を展開するときに気を付けなければならないこともあります。それは、子どもは、「納得したことでなければ、教師が言うことであっても聞くことをためらう」ということです。

　高学年ともなれば、大人の入り口に立っています。教師側の都合だけで素直に言うことを聞くということはあり得ません。教師と子ども双方で意見の確認をしながら授業を進めていかなくてはならないのです。「安易な価値観の押しつけ」とならないようにしましょう。

一人の人間として子どもたちと議論する

　まさに「真剣勝負」というような授業を展開させるためには、どうすればいいのでしょうか。それにはさまざまな要素がありますが、その一つに「一人の人間として子どもたちと議論する」ことが挙げられます。

　子どもたちとの議論が高まってくると、子どもたちは教師に「先生としての意見」ではなく「一人の人間としての意見」を求めるようになってきます。そうした議論が行えることこそ、高学年での道徳授業の醍醐味と言えます。

➤ *Advice!*

　「真剣勝負の道徳授業」の質をより高めるには、教師自身が修養を積むことが大切です。教師も「一人の人間」として自分自身を成長させていくのです。

Column 1

「道徳読み」との出合い

　道徳が教科化されたことに戸惑いを感じている先生方もいらっしゃることでしょう。じつは、私もその一人でした。しかし、道徳が教科化されたことで、さまざまな人に関心をもってもらえることは、とてもよいことだと思っています。

　「特別の教科 道徳」となるにあたって、大きく三つの変化がありました。

- **検定教科書の導入**
- **年間指導計画の作成**
- **評価の導入**

　この中で、もっとも教室での実践に影響をあたえるのは、検定教科書の導入ではないでしょうか。私自身、それまでずっと自作教材を使いながら道徳授業を行ってきました。そうした授業づくりにそれなりの手応えも感じていたため、今回の検定教科書導入には少々の戸惑いがあったのです。

　しかし、これからは教科書を使って授業を実施していくことが基本となります。どうすれば教科書を中心にしながら子どもたちの心に響く道徳授業を実践できるのか、私はずっと悩んでいました。そうしたときに出合ったのが、「道徳読み」です。

　「特別の教科 道徳」では、「考え、議論する」ことが求められます。私は、「読み物教材」と言われるお話を読んでも、これで何を子どもたちに考え、議論させるのか、はっきりとイメージをもつことができませんでした。

　そんなときに出合った「道徳読み」に、「これだ！」と思ったのです。子どもたちに道徳を見つけさせる「道徳読み」をベースにすれば、子どもたちから出される意見をもとにして、考え、議論することができるのではないかと考えたのです。

　この目論見は大当たりでした。子どもが見つけたさまざまな道徳を整理し、発問につなげていく。「道徳読み」をもとにした授業スタイルが、今では私のスタンダードになりました。そして、毎回の子どもたちの意見が待ち遠しくてたまりません。ときには、「道徳2時間やりたいな」などといった感想を書く子がいるほど、子どもたちも「道徳読み」を用いた道徳授業に熱中しています。

＊「道徳読み」は、横山験也氏が提唱した指導方法です。詳しくは、横山験也監修・広山隆行編著『道徳読み──教科書を使う道徳の新しい授業法』（さくら社）をご参照ください。

CHAPTER **2**

「特別の教科 道徳」を成功させる

授業づくりの
基礎・基本

道徳の授業をどのようにつくっていけばいいのでしょうか。

道徳の授業では、「子どもの声をつないでつくる」ことが求められます。

そのために、さまざまな工夫を凝らすのです。

本章では、授業の成り行きを左右する準備や、展開の前半に関わる

具体的なワザを紹介します。

CHAPTER 2 「教材研究」のポイント ❶

素材研究こそ教材研究の出発点

授業に向けた教材研究をしようと思うのですが、どのようにすればいいのか分かりません。まず何から手を付けていけばいいのでしょうか。

ここがポイント！
『まずは十分な「素材研究」から』

素材研究とは

　道徳授業における素材研究とは、いったいどのようなことでしょうか。これは、野口芳宏先生が主張される教材研究の一種で、素材研究とは「子どもに教えるために『教師面』をして読むということではく、『一人の人間』として教材を読むこと」を言います。

　教える立場にある教師が、教えるという視点を抜きにして教材と向き合うことで、より深くその教材を理解することができるというわけです。深く理解した教材でなければ、当然、より深く教えることができません。

「価値項目についての素材研究」を忘れずに

　道徳授業では、二つの素材研究をしなければなりません。それは、「教材文」と「価値項目」についてです。

　子どもたちに教える教材は、子どもたちに、勇気や家族愛などの価値項目を教えるために存在します。よって、「勇気とは何か？」「家族愛とは何か？」などについて、教師自身の考えをきちんともって授業に挑まなくてはいけません。

素材研究をすると準備時間の短縮ができる

　「教える内容や教え方についても準備しなければいけないのに、素材研究までするにはとても時間がない」という声をよく耳にしますが、それは間違った考え方です。素材研究がしっかりとできていれば、その後に行う教えるべき内容の吟味や教え方の検討がはかどり、わずかな時間で終えることができるからです。

　教える素材について教師が十分に理解していれば、教えるべき内容や教え方についてはすぐに判断できるのは当然のことです。

═▶ Advice!

　素材研究にどれだけ時間がかけられるかという問題もあるでしょう。しかし、1年に一度くらいは、自分の気がすむまで素材研究をとことんやり込む教材を設定したいものです。必ず成果になって表れます。

CHAPTER 2　「教材研究」のポイント ❷

「道徳読み」で教材を見てみよう

「特別の教科 道徳」となり、道徳授業もより専門的になっていくことと思います。道徳ならではの教材研究のコツはありますか。

ここがポイント！
『「道徳読み」で教材を読む』

道徳教材は「道徳読み」で読む

　もともと千葉県の公立小学校で教鞭をとられていた横山験也先生は、道徳の教材を読む際は「道徳脳に切り替えて読むこと」を推奨しています。これを「道徳読み」と呼びます。読みもの教材のある進行の中で、「太郎さんは花を8本持っていました。次郎さんは持っていません。太郎さんは次郎さんに花を4本あげました」という素材があったとします。同じ素材でも、読む視点が変われば、着目するポイントが変わってきます。

同じ素材でも

　上記の話の素材に、次のような問いを追記してみます。
　「太郎さんの持っている花は何本残っていますか？」
　当然、私たちは頭の中で引き算をして「4本」という答えを出します。これは「算数脳」を使っています。では、「花をもらったとき、次郎さんはどんな気持ちだったでしょうか？」と問いを追記するとどうなるでしょう。私たちは、文脈から「嬉しかった」などと答えるでしょう。これは、文脈から読み取る「国語脳」を使って話を読んでいるのです。

行動の善悪を判断しようとする読み

　では、さらに次のように問いが続くとどうでしょうか。
　「次郎さんは、太郎さんから花をもらっても本当によかったのでしょうか？」。すると、私たちは次郎さんの前後の行動などに目を向けるようになります。そして、その行動の善悪を判断しようとするのです。これが、「道徳脳」で話を読むことです。
　こうして、問いをもとに視点を変えることで、同じ素材でも学び方が変わってくるのです。道徳の教材を「道徳読み」で読むようにしてみます。すると、今までに気が付かなかったことが見え始めるようになるのです。

▶ Advice!

　上記の話を含め、横山験也先生が体験されたことや考えていらっしゃることを日々記事にされているブログ「横山験也のちょっと一休み」(http://www.sakura-sha.jp/blog/) があります。ぜひ、ご覧ください。

CHAPTER 2 「教材研究」のポイント ❸

教材文に書き込みをして何度も読み込む

素材研究の大切さはよく分かりましたが、実際にどのように取り組めばいいのか分かりません。具体的な方法を教えてもらえませんか。

ここがポイント！
『線や書き込みで深い読みが引き出される』

😊 教材文に線を引きながら読んでみよう

前々項（CHAPTER 2-1）で、素材研究の大切さをお話しました。では、どのようにして教材を深く読めばいいのでしょうか。それは「教材文に線を引きながら読む」ということです。

教材を読んでいると、必ず気になる部分が出てくるものですが、その箇所に線を引き、さらに「自分が何を感じたか？」を書き込むようにします。その作業を積み重ねていくことで、教材文を深く理解することができていくのです。

😊 その教師ならではの授業へと深化させる

「線を引いた箇所に何を書き込むか？」ということも重要なことです。書き込んだことは、書き込んだ教師ならではの気付きとなります。そして、授業者であるその教師ならではの気付きが積み重なるからこそ、「その教師らしい道徳授業」が生まれます。

特に道徳は、「教師と子ども」の枠を飛び越え、「人の在り方」を教える大切な授業となります。ぜひ、一人の人間として、自分ならではの授業を生み出していきましょう。

😊 素材研究で書き込むこと

例えば、私が素材研究をするときには、どのようなことを書き込んでいるのかをお伝えします。私は「道徳読み」で教材から道徳的諸価値を探るようにしています。特に登場人物の行動や言動からは、「ここから学べる道徳的価値はないかな？」と探っていきます。何気なく読むと読み飛ばしてしまいがちなのですが、「道徳的価値が隠れていないだろうか？」という視点をもって読むとさまざまな発見があります。その発見を書き込んでいき、時間が許す限りその作業を繰り返します。

➤ Advice!

素材研究をした教材文のノートは、ぜひ子どもたちに見せてあげましょう。「先生はこうして道徳の内容を見つけているのか」と子どもたちは刺激を受けるはずです。そして、「自分ももっとじっくり考えてみよう！」と意欲につながります。

CHAPTER 2 「特別の教科 道徳」を成功させる授業づくりの基礎・基本 **041**

CHAPTER 2 「教材研究」のポイント ❹

その教材で「問いたいこと」は何かを考える

同じ価値項目を学習するのにも、さまざまな教材があります。教材に合わせた教材研究の仕方というものがあるのでしょうか。

ここがポイント！

『「その教材ならでは」というポイントを探る』

☺ その教材が選ばれた意図を予測してみる

　道徳の授業では、「教材自体を学ぶ」ことが目的なのではなく、「教材を通して道徳的諸価値を学ぶ」ことが目的です。ですので、当然、教材よりも価値に重きを置いて学びが行われなければなりません。

　しかし、教材には、「この教材を通してこんな道徳的諸価値を学んでもらいたい」という、その教材が教科書に掲載された意図があります。「なぜ、この教材がこの道徳的諸価値を教えるために選ばれたのだろう？」と予測する視点で教材と向き合うと、より深く教材を理解することができます。

☺ 自分自身の「解釈」をもつ

　まずは、授業者である教師が、その教材の素晴らしさを見つけましょう。そして、「この教材では、こんなことを通して道徳価値を子どもたちに伝えたいのだな」と自分自身の「解釈」をもつようにします。

　新任の先生は、「自分の解釈が合っているか？」と不安になるかもしれませんが、解釈をもたないことのほうが危険です。こうした解釈をまず自分自身がもつことで、その人ならではの道徳授業がつくり出されていくのです。

☺ 教材の「よさ」を見つけられるかどうかは教師次第

　くれぐれも、「道徳の教科書に載っている教材なんて……」と批判的に考えることはやめましょう。

　教科書に掲載されている教材は、いくつもある素材の中から選び抜かれたものなのです。また、その教材にもともとある「よさ」を見つけ出せるかどうかは、授業者である教師の腕にかかっているのです。

≡▶ Advice!

> 「そのもののよさ」を見つけるクセをつけると、どんなことからでも道徳的な視点で学ぶことができます。目の前の子どもたちからも、道徳的に大切な価値をたくさん学ぶことができるのです。

CHAPTER 2　「特別の教科 道徳」を成功させる授業づくりの基礎・基本　**043**

CHAPTER 2 「教材研究」のポイント ❺

導入・中心発問を考える

道徳授業の準備時間をうまく生み出すことができません。教材研究で絶対に外してはいけないポイントを教えてください。

ここがポイント！

『授業展開の安定は「導入」と「中心発問」から』

😊 小学校教師の休憩時間は6分

日々多忙な教師にとって、なかなか授業準備に時間を割くことができないことが多いでしょう。

ある調査（「子どもの教育を考える」ベネッセ教育総合研究所、2010年）では、小学校教師の休憩時間は「6分」という結果が出されました。また、教師の残業時間についても社会問題化されています。そうした状況下にある教師の悩みの中でも、「教材研究の時間がとれない」という意見をよく耳にします。

😊 時間のない中でも定めるべきもの

私たち教師の仕事の中心は「授業」です。長時間多忙を極めながら働いていても、授業の質がよくならなければ本末転倒でしょう。

時間がない中、どのようにして質の高い授業を実施するかということは、大きな課題です。道徳の授業においては、「導入」と「中心発問」に重きを置くといいでしょう。そして、どんなに時間がないときでも、「導入」と「中心発問」だけは、事前に用意をして授業に挑むようにします。

😊 なぜ、「導入」と「中心発問」なのか

道徳の授業においては、なぜ、「導入」と「中心発問」が大切なのでしょうか。それは、まず、「導入」をうまく仕掛けることができれば、全員が意欲をもって学習に挑むことができるからです。また、「中心発問」で、学ぶ価値項目を深めて考えることができれば、本時でのねらいを果たすことができます。

時間のない中でも、「導入」と「中心発問」をしっかりと定めれば、安定した授業を展開することができるのです。

≡▶ *Advice!*

授業の準備時間をなかなか確保できないときでも、授業を高めるためには、子どもたちに基本となる学び方を定着させることに努めましょう。1年間をかけて積み上げるように意識することで、大きな効果を得ることができます。

CHAPTER 2 「特別の教科 道徳」を成功させる授業づくりの基礎・基本 **045**

CHAPTER 2 「教材研究」のポイント ❻

自分自身を知る

「子どもたちに道徳を教える」と聞くと、何かすごいことを成し遂げた人しか教えられないような気がします。自分などが道徳を教えてもいいのか、いつも悩んでしまいます。

ここがポイント！

『どんな人にも「ある」ということに気が付こう』

😊 どんな教師も道徳を教える力を備えている

「道徳を教えることにおっくうになってしまう」といった悩みを度々耳にすることがあります。おそらくそうした悩みの根底に、「私なんかが道徳を教えてもいいのだろうか？」という不安があるからこそ、おっくうといった感情になってしまうのでしょう。

当然、授業ですから教えなくてはならないのですが、そういったことを抜きにしても、どんな教師も立派に道徳を教える力に満ちているのです。

😊 「自分にはすでにある」と思うことから

選択肢が豊富だと、私たちは、つい、「自分にないもの」を求めてしまう傾向にあるように思います。授業でも、「新しい方法を」「新しいやり方で」と、自分にはない、ほかのものを求めてしまってはいないでしょうか。

そんなときは、一度、「自分にはすでにあるのだ」と見直してみるようにしましょう。そうして視点を変えることによって、今まで浮かんでこなかったようなさまざまな思考が頭を駆けめぐり始めます。

😊 「視点を変えて思考する」と思いがけない気付きも

例えば、「正義についてなんて、自分には教えられるような知識も経験も価値観もない」と思うのではなく、「自分には、正義についての知識も経験も価値観もある」と思って思考をめぐらせてみましょう。そして、自分の中（過去や思いの中にあるもの）をもう一度振り返ってみましょう。

そうやって視点を変えて思考していくことで、今まで浮かばなかった経験を思い出したり、思いがけない気付きがあったりすることにもつながります。

≣➤ *Advice!*

「１日のことを振り返る日記」「過去の自分を整理するための自分史」「未来の自分の目標を定めるための未来日記」などを書き記すことで自分を深めましょう。そうした積み重ねが、深い道徳授業の組み立てにつながります。

CHAPTER 2 「特別の教科 道徳」を成功させる授業づくりの基礎・基本 **047**

CHAPTER 2 「教材研究」のポイント ❼

自分自身を高める

子どもたちの心に響くような道徳授業をするために、もっと力をつけていきたいと思っています。どんなことに取り組めば、さらによい道徳授業をするための力をつけることができるでしょうか。

ここがポイント！
『「よき師・よき友・よき書物」と出会おう』

「よき師・よき友・よき書物」との出会い

　道徳の授業とは、子どもたちの心を育てる授業です。自分自身の心を磨き続けている人こそ、子どもたちの心に響く道徳授業が展開できるのです。もちろん指導技術や方法も大切ですが、それは枝葉にすぎません。根っことなる「自分自身」を高めなくては、自力がつくということはあり得ません。自分自身を高めるために、「よき師・よき友・よき書物」との出会いが必要だと言われています。

まずは「師」と呼べる人と

　自分自身が「師」と思える人と出会いましょう。「師なんて呼べる人とは出会えない」と思う人もいるかもしれませんが、そんなことはありません。自分自身が「師と出会いたい」という思いをもち、実際に探し続けることで、必ず出会うことができます。

　人生において心から尊敬できる師と出会える人は、それだけで幸せだとつくづく感じます。そして、「師」からは、かけがえのないものを多く学ぶことができます。

意識高く生活を送ることで

　自分自身が目標をもち、意識高く教師生活を送っていれば、必ずや自分自身を刺激してくれるような「よき友」と出会うことができます。そうした友とは、大いに議論し大いに刺激し合えるような関係を築くことができます。これは、ただ単に「仲がいい」「気が合う」ということとは少し違います。

　また、「よき書物」との出合いもぜひ果たしてほしいです。「よい道徳授業がしたい」と意識高く過ごしていれば、自分の人生に感銘をあたえるような書物とも出合うことができます。

➤ *Advice!*

技術や方法と異なり、「自分自身を高める」ことにおいては、すぐに成果を実感することはできません。しかし、ぜひ、「やり続ける」精神を忘れないでください。

CHAPTER 2　「特別の教科 道徳」を成功させる授業づくりの基礎・基本　**049**

CHAPTER 2 「めあて」設定のポイント ❶

8 道徳授業の目的は「道徳観」を磨くこと

> そもそも道徳の授業を行う目的とは何なのでしょうか。
> 日々の道徳授業で何を目指しているのか分かりません。
> 道徳授業を行う目的が知りたいです。

ここがポイント！

『子どもたちの「道徳観」を磨くための教育』

目的を見定める

道徳授業を行う目的とは何なのでしょうか。それは、ずばり子どもたちの「道徳観を磨く」ということです。

そのためには、子どもたちが授業後に「そんな考えもあったのか」「そういった考えは思いもしなかったな」と思うような授業をしなくては、道徳授業を実施する意味がありません。授業の中で、「多面的・多角的」に考える理由はそのようなことからなのです。

よって、授業者は、一つの授業で子どもたちの多様な意見が生まれるような配慮をしなくてはいけません。

多忙な現場だからこそ

教育現場において、こうした「そもそも論」はとても大切なことです。ただでさえ多忙な現場です。目的をはっきりと認識していなければ、どこに向かっているかさえ分からなくなってしまいます。そして、目的地が分からなければ、余計な仕事を生み出してしまったり、間違った方向へ行ってしまったりして、最終的には子どもたちにとって無益な教育へとつながってしまいます。

「道徳観」とは何か

では、「道徳観」とは何なのでしょうか。「道徳」を辞書で引くと、「社会生活を営む上で、一人一人が守るべき行為の規準(の総体)。自分の良心によって、善を行い悪を行わないこと」とあります。また、「観」を辞書で引くと、「心中に思い浮かべて本質を悟る」とあります。

「善とは何か?」「悪とは何か?」、そんな概念について見方を広めたり深めたりすることが、道徳の授業の目的となることを忘れないでおきましょう。

⟩ *Advice!*

「道徳観」は、いつでもどこでも考えることができます。作業ではなく、思考を通して深めるものだからです。また、ほかの教師や書籍との対話を通しても深めることができます。ぜひ、日頃から意識を高めましょう。

CHAPTER 2 「特別の教科 道徳」を成功させる授業づくりの基礎・基本 **051**

CHAPTER 2　「めあて」設定のポイント ❷

道徳観を磨くためには「対話」にこだわる

道徳の授業では、子どもたちの道徳観を磨いていくことが目的なのは分かりました。そのための具体的な方法を教えてください。

ここがポイント！
『「対話」で多面的・多角的な視点を育む』

「道徳観」を磨くものは「対話」である

子どもたちの「道徳観」は「対話」にこだわることで磨かれていきます。「観」は目に見えるものではありません。そのようなものだからこそ、人と人との関わりの中で磨かれていくしかないのです。

今、道徳授業では「多面的・多角的」な見方が求められています。今まではある側面しか知らなかった道徳的諸価値について、授業の中でさまざまな見方に気が付いていく。こうしたことで「観」が磨かれますが、そのためには何よりも対話が欠かせません。

どんな対話があるか

対話には「教材との対話」「教師との対話」「友達との対話」「自分自身との対話」があります。どの対話も重要であり、授業の中で効果的に取り組ませることで、大きな効果が得られます。

授業の中では「今、子どもたちにどんな対話をさせているのか？」ということを意識しながら取り組むようにしましょう。

四つの対話は他教科ともつながる

上記四つの対話の重要さと効果は、道徳だけに限らず他教科でも同様に言えます。どの教科でも、この四つの対話を意識して授業づくりを行ってみましょう。そうすることで、道徳授業の成功の土台を他教科で構築させていくことができますし、道徳授業と他教科をつなぐことにもなります。

≡▶ *Advice!*

「教材」「教師」「友達」「自分自身」のほかにも対話するべき対象があります。それは「先人」です。子どもたちは過去に生きた先人へ思いを馳せることで、先人との対話を成立させることができます。

CHAPTER 2 「特別の教科 道徳」を成功させる授業づくりの基礎・基本 **053**

CHAPTER 2　「めあて」設定のポイント ❸

10 教材との対話で「道徳」を見つけさせる

教科書に掲載されている教材の扱い方がよく分かりません。どのように子どもたちと教材を向き合わせればいいのでしょうか。

🖋 ここがポイント！
『「道徳読み」の視点で教材と向き合わせる』

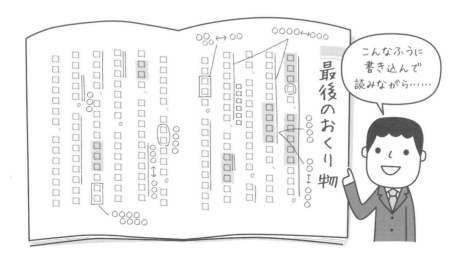

😊 「道徳読み」で教材と向き合わせる

子どもたちを教材と向き合わせるために、まず、「道徳読み」という活動を行います。「道徳読み」は教材文を読んで「よい道徳（〇道徳）」「悪い道徳（×道徳）」「判断に迷う道徳（△道徳）」を見つけさせる活動です。

教材に線を引かせたり、気付いたことをノートに書き留めさせたりして、見つけた道徳（「勇気」など価値項目）を記入していきます。この「道徳読み」によって、まずは子どもたち自身が教材と向き合うからこそ、授業が展開し、深まります。

😊 「視点」をあたえる

「道徳読み」をさせるには、子どもたちにどのように教材をみるかという視点をあたえなくてはいけません。同じ素材でも、視点によってみえ方がガラリと変わってしまいます。例えば、ある人が寒い冬の日に一生懸命に野球の素振りをしている姿を見たときに、「バットの振り方が上手い！」と感じる体育視点と、「困難な中でも懸命に努力している」と感じる道徳視点との違いです。こうした視点の違いを子どもたちに伝えます。

😊 繰り返し行って子ども自身に見つけさせる

4～5月頃は、「道徳読み」に慣れていないため、「どうやったらいいの？」と戸惑う子どもたちもいることでしょう。場合によっては、「道徳読み」をするだけで1コマの授業が終わってしまうこともあります。

しかし、見つける流れを何度か繰り返し行うことで、子どもたちも見つける感覚をつかむことができるようになります。また、見つけた道徳をグループ内で交流させることで、ほかの子の見つけ方を知り、「こんなふうに道徳を見つけるんだ」と理解していきます。焦らず丁寧に指導するように心がけましょう。

≡▶ *Advice!*

「道徳読み」に十分慣れてきたら、この読み方での予習をさせてみましょう。そうすることで、話し合う時間も十分に確保することができます。

CHAPTER 2 「特別の教科 道徳」を成功させる授業づくりの基礎・基本 **055**

CHAPTER 2 「めあて」設定のポイント❹

11 教師との対話で思考を刺激する

道徳の授業の中でも、子どもたちと教師の対話が重要であると感じています。実際、どんなことに気を付ければいいのでしょうか。

ここがポイント！

『教師と子どもとの対話スキルを使いこなす』

😊 「発問」で子どもと対話する

　教師と子どもたちとの対話要素として第一に挙げられるのが、「発問」です。発問については CHAPTER 3 で詳しく述べますが、良質な発問がなければ、子どもたちの思考が深まることはあり得ません。

　よい発問は、ごく短い言葉ではあっても、その効果は計り知れないものがあります。「問われるからこそ思考する」のです。

😊 言葉のラリーで子どもと対話する

　また、発問の後に子どもたちから返ってくる言葉を受けて対話することも効果的です。例えば、「本当の友達ってどんな友達？」と発問した後に、「何でも話せる友達」などと答えが返ってきたら、ここからさらに深めるのです。「それってどういうこと？」「具体的には？」などと問い返すことで、子どもはさらに深く思考し、当初考えていた以上のことに気が付いていくことができます。

　こうしたラリーを続けることからこそ、教師と子どもが対話する意味が生まれてくるのです。

😊 机間指導ではその子にだけ聞こえる声で対話を

　教師と子どもとの対話には、「ノートチェック」もあります。これには「丸付け法」（p.19 参照）が特に有効です。子どもたちの間に入って、ノートに書いてある一人一人の意見に丸を付けて回っていくのです。

　その際、波線を入れたり、その子だけに聞こえるような声で賞賛したりすることでより一層の対話効果が期待できます。また、「これはどういうこと？」と、その子とだけ対話することで、子ども一人一人が思考を深めることができます。

➤ *Advice!*

> 授業後にノートを回収して授業の感想を確認することも有効です。それを学級通信などで紹介すると、保護者には道徳授業の様子を伝えることができるとともに、授業後の対話へとつなげることができます。

CHAPTER 2 「特別の教科 道徳」を成功させる授業づくりの基礎・基本 **057**

CHAPTER 2 「めあて」設定のポイント ❺

12 友達との対話で異なる意見を知る

子どもたちが、自分以外の「多面的・多角的な意見」を知るためには、具体的にどのような対話が必要なのでしょうか。

🖐 ここがポイント！

『「多面的・多角的な意見」は友達との対話から』

058

😊 「多面的・多角的」に学ぶために

　「特別な教科 道徳」では、「多面的・多角的」に道徳を考えることが求められていますが、そもそも「多面的・多角的」な意見を子どもたちが学ぶにはどうすればいいのでしょうか。

　まずは、たくさんの友達の意見を聞くことです。すると、子どもたちは、一つの発問に対してじつに多様な意見があることを知り、学級全体で多様な考えをもちます。

😊 考えはノートに書かせる

　ただし、子どもたちから学級全体へ多様な意見を引き出すには、コツがあります。そのコツとは、「考えをノートに書かせる」こと、そして「ノートに書いた意見を発表させる」ことです。ノートにいったん書けば、自分の考えが少数派であったとしても変えることができません。つまり、「自分の意見を確かにもつ」ことへとつながるのです。

　ノートに書かないままにすると、発言を求められた際は、周りの発言に影響されて、自分の考えとは違う意見を言ってしまうことにもなりかねません。

😊 さまざまな意見を引き出すために

　私が、ある授業で「仕事とは何なのだろうか？」と発問した際、子どもたちからは、「楽しんでするもの」「思いやり」「人の役に立つこと」「開発」「暮らしに必要なもの」「認められるため」などたくさんの意見が出てきました。これも、子どもたちが発表の前に、まずノートに自分の意見を書いているからこそです。

　こうしたさまざまな意見が出てこそ、学級全体でシェアすることができるのです。

➡ Advice!

　「仕事とは何なのだろうか？」のように多様な意見が出る発問（拡散的な発問）の後に、「この中でどうしても外せない三つを選びなさい」としぼる発問（収束的な発問）を行うことで、さらに思考を深めることができます。

CHAPTER 2　「特別の教科 道徳」を成功させる授業づくりの基礎・基本　**059**

CHAPTER 2 「めあて」設定のポイント❻

13 自分自身との対話で自分の考えを深く掘り下げる

授業中にシーンとしている時間があると、「今の時間、効果的に活用できているのかな〜」と心配になることがあります。そのような時間があってもいいのでしょうか。

ここがポイント！

『「シーンとした時間」で自分と向き合わせる』

😊 「シーンとした時間」は自分との対話時間

　対話をする授業というと、教室がわいわい賑やかになっている状態を思い浮かべるかと思いますが、実際はそれだけではありません。シーンと静まりかえった時間も、立派な対話の時間です。静まりかえった時間で、子どもたちは「自分自身」と対話しているのです。

　自分自身と向き合うときには、ノートに作業をしていることが多くなります。書くからこそ、自分の中にある思いを整理し、表現することができます。

😊 「中心発問」の後に自分自身と対話させる

　特に、「中心発問」の後の場面では、「自分自身との対話」の時間を大切にしましょう。「発問→すぐに挙手して発言」という方式では、子どもたちが発問に対して自分はどんなことを感じるのかをじっくりと確認する時間はもてません。中心発問の後に、子どもたちが一人でノートに作業をするからこそ、自分の思いと向き合うことができるのです。

　そのため、「シーンとした時間」を効果的に授業に入れられるかが、授業の善し悪しの大きな分かれ道となります。

😊 「終末場面」での自分自身との対話も大切

　また、授業の終末場面での「自分自身との対話」の時間も大切にしましょう。1コマ45分間、内容を詰め込みすぎてしまうと、子どもたちがじっくりと授業を振り返る時間をもてないことがありますが、道徳授業では、それは極力避けたいところです。

　自分自身との対話の中で、「授業で何を感じ、どう思ったか」を思考していくことは、道徳観を磨く上では欠かせません。

≣▶ *Advice!*

　終末場面で子どもがノートに残す記録の量は、低・中・高学年で差をつけるように意識しましょう。また、低学年で「授業を記号（◎、○、×）で振り返る」という実践もありますが、道徳授業には馴染みません。言葉で書かせましょう。

CHAPTER 2　「特別の教科 道徳」を成功させる授業づくりの基礎・基本　**061**

CHAPTER 2　「机配置」を使いこなす ❶

14 目的に応じて机配置を自在に使いこなす

道徳の授業では、どのような机配置で授業を展開すればいいのでしょうか。また、どのような机配置があるのでしょうか。

ここがポイント！

『まずは机配置のパターンと効果を知る』

😊 一つでも多くの机配置を知ることから

　道徳の授業において机配置は重要です。授業の雰囲気や子どもたちの学びは、机配置によって大きく左右されるからです。

　授業をリードする教師は、机配置のパターンとそれぞれの効果を知り、学習場面に応じた机配置を駆使していかなくてはなりません。

　場面に合った机配置が存在します。ぜひ、一つでも多くの机配置を知り、駆使できるようになってください。

😊 それぞれの机配置の効果を知る

　本章では、私が教室で実践している「一斉型」「議論型」「コの字型」「グループ型」「サークル型」を紹介します。「一斉型」が教師主導の割合が一番強く、順に五つ目の「サークル型」になるにつれ、子ども主導の割合が高くなります。

　年度の始まりの時期や授業の導入場面では、「一斉型」を用いることが多くあります。そして、時間が経つにつれ、だんだんと机配置も子ども主導のパターンへと移行していくというイメージで進めています。

😊 机配置を駆使する際に気を付けること

　机配置を授業で駆使する際に気を付けなければならないことがあります。それは、「その机配置を選んだ必要性を見出す」ということです。

　「『考え、議論する道徳』をしなくてはいけないから、グループで話し合わせる」という理由だけではダメなのです。「なぜ、グループ型配置をそのときに選んだのか？」「グループ型配置にすることで、子どもたちにどんな力をつけてほしいのか？」、そこまで考えて机配置を決めていくようにしましょう。

≡▶ *Advice!*

> 高学年では、早い段階で「子ども主導型の机配置」が可能です。低学年では、まずは「一斉型」での指導を丁寧に積み重ねていきましょう。

CHAPTER 2 「特別の教科 道徳」を成功させる授業づくりの基礎・基本 **063**

CHAPTER 2 「机配置」を使いこなす❷

「一斉型配置」で興味をぐいぐい引き出す

子どもたち全員の机を前に向ける「一斉型配置」は、古いと言われました。もう一斉型配置では学習効果が見出せないのでしょうか。

✍ ここがポイント！
『授業の基本は「一斉型配置」と心得る』

机配置の土台は「一斉型配置」

　グループ学習や子どもたち同士の学び合いが注目されている中、「一斉型配置で行う授業」は懸念されがちです。しかし、授業の基本はやはり一斉型配置だと私は考えます。
　一斉型配置が土台となり、多種多様な机配置による学習活動を行っていくのです。その理解が根底にないままに一斉型配置以外の机配置を駆使して授業しようとすることは、とても危険であると私は思っています。

 ## 一斉型配置が活きる授業場面

　では、一斉型配置はどのような場面で駆使するといいのでしょうか。
　まずは、「導入場面」が挙げられます。導入での活動は、45分間の1コマの授業を貫いていなくてはいけません。導入の段階で子どもの学びのズレが生じてしまうと、ずっと間違った方向のままに進んでしまいます。
　確実に導入発問の内容を伝えるためにも、導入時は基本的に一斉型配置とし、授業を組み立てるようにしましょう。

4～5月は一斉型配置が主となる時期と心得よう

　また、4～5月は、教師から子どもたちに教えることがたくさんある時期です。授業の進め方はもちろん、基本的な学習規律など、数え上げるときりがありません。そんな場面が多い時期では、一斉型配置で授業する時間も必然的に長くなります。
　子どもたちが混乱しないかと心配があるときには、教師の声を確実に子どもたちに届けることを意識しましょう。4～5月の子どもの学びのズレは、1年間の大きなズレへと変わってしまいます。

▶ Advice!

学習規律や授業の方法について子どもたちが十分に理解できたと思えたときには、導入時でも一斉型配置である必要はありません。授業のはじめから、机配置を変えて授業に挑みましょう。

CHAPTER 2 「机配置」を使いこなす ❸

「議論型配置」で一人一人の思考を深めさせる

だんだんとたくさんの子どもたちが自分の意見を発表できるようになってきました。子どもたち一人一人に意見を発表させるときには、どのような机配置が効果的でしょうか。

ここがポイント！

『「議論型配置」で子ども同士の顔を向き合わせる』

😊 自分の意見をもてるようになったら

4～5月の時期を経て、だんだんと子どもたちが道徳の授業に慣れてきた頃には、多くの子どもたちが自分の意見をもつことができるようになってくるでしょう。そうした時期からは、ぜひ「議論型配置」をしてみましょう。

議論型配置とは、教室の前半分（黒板寄り）の子どもたちが左右でそれぞれ90度回転し、机を向き合わせ、友達と黒板を同時に見ることができるような机配置です。子どもたちが顔を合わせるだけで、随分と授業の雰囲気が変わります。

😊 意見が聞きやすく、交流させやすい

「議論型配置」には、子どもたちにとって意見を交流させやすいという利点があります。全員が黒板を向いているときよりも、顔が見やすいため、顔を見ながら友達の意見を聞くことができます。そのため、意見を聞きやすくなるのです。机をほんの少し動かすだけですが、そんな効果が期待できるのです。また、黒板も使いながら（教師がまとめながら）授業を展開することができます。

😊 立場をとりやすいというよさを活かす

「議論型配置」のよさをぜひ活かすようにしましょう。意見を発表している友達の顔が見える分、子どもたちに、自分の意見とは違うものをメモさせたり、友達の意見について賛成や反対の立場をとらせたりするようなことも行いやすいです。

また、中心発問でよく用いられる二項対立による話し合いの際にも、有効な机配置となりますし、教師が板書した内容をもとに話し合うこともできます。

➡ *Advice!*

子どもたちが「議論型配置」による授業に慣れてきたときには、全体の話し合いの合間に「近くの人と相談」「同じ立場の人と相談」など、多様に話し合う時間をとるようにしてみましょう。話し合いがさらに深まります。

CHAPTER 2 「特別の教科 道徳」を成功させる授業づくりの基礎・基本 **067**

CHAPTER 2　「机配置」を使いこなす ❹

17 「コの字型配置」で話し合いをどんどん深めさせる

> 徐々に子どもたちも道徳授業に慣れてきました。子どもと教師、子ども同士のやり取りも深められている実感を得ていますが、さらに話し合いを深める机配置はないのでしょうか。

ここがポイント！

『「コの字型配置」で全員の顔が見える授業に』

より深い話し合いを実現するために

子どもたちがだんだんと道徳授業に慣れてくると、より深い話し合いを行うことができるようになります。話し合いをさらに推し進めるためにも、ぜひ、「コの字型配置」を授業に導入しましょう。

コの字型配置とは、教室の真ん中に大きなスペースをつくり、子どもたちが真ん中を向いて授業を受けるスタイルです。このような配置をすることで、子どもたちは学級全員の顔を見わたしやすくなります。

心の距離を縮める

子どもたちが顔を向かい合わせながら心の距離を縮めると同時に、教師と子どもたちの心の距離もぐっと近づけることができます。なぜなら、黒板から教室の真ん中にかけてスペースが空けられているので、子どもたちに近づいて意見を聞くことができるからです。

また、子どもたちと教師の間に机が少なくなることも大きなポイントです。話し手と聞き手の間に物があると、意外と心の距離が遠ざかってしまうものです。コの字型配置であれば、そうしたことも解消することができます。

黒板の見やすさにも留意する

ただし、コの字型配置にはデメリットもあります。それは、黒板との距離が遠い子が増えてしまうことです。黒板を使う際には、そのことに十分留意するようにしましょう。

席が後ろの子どもたちからは黒板が十分に見えないなどということがないようにしなくてはいけません。また、視力が落ちている子どもたちの座席位置にも配慮が必要です。

➤ *Advice!*

「コミュニティボール（発言する子が持つ毛糸の玉など）」もコの字型配置の授業に導入してみましょう。子ども同士がより聞き合おうとする授業へと変えることができます。コミュニティボールは教師が準備できるもので構いません。

CHAPTER 2 「特別の教科 道徳」を成功させる授業づくりの基礎・基本 **069**

CHAPTER 2 「机配置」を使いこなす ❺

「グループ型配置」で全員に対話させる

話し合いをしている際、どうしても全員に発言させたい場面があります。どうすれば全員に発言させることができるでしょうか。

ここがポイント！
『「グループ型配置」で全員発言を目指す』

全員が発言機会をもてる

「グループ型配置」は、広く用いられている机配置ではないでしょうか。特に、班など四人程度で活動する際や給食指導でよく使われていると思います。

グループ型配置による学習は、すべての子に発言する機会をあたえることができるので、大きな効果を期待することができます。また、意見を話すだけではなく、班で意見を練り合わせることも可能な机配置です。

発表や交流に効果的

どんな場面でグループ型配置を活かした学習を展開することができるでしょうか。まずは、発問に対して自分の意見を全員に発表させたいときに有効です。小集団にはなりますが、短時間で学級全員が自分の意見を自分の口で話すことができます。

また、多様な意見の交流を短時間で行いたいときにも有効です。四人ほどのグループ範囲のみで出た意見ですが、それでも子どもは友達の意見と自分の意見の似ているところや違うところに気が付くことができます。

問題解決学習の質を高める

グループ型配置では、意見を交流するだけではなく、グループで問題解決に取り組むこともできます。

例えば、ある問題に対して「グループで一つの解決策を話し合って出しましょう」と指示をします。そうすると、班での話し合いを通じて解決策を見出すことになるので、ある程度質の高い意見が出されるようになります。

≡▶ *Advice!*

低学年では、話し合いの手順を示すようにします。「①挨拶→②意見発表→③質問・反対意見→④まとめ」というように手順を示すことで、子どもたちも迷うことなく話し合いを進めることができます。

CHAPTER 2

「机配置」を使いこなす ❻

19 「サークル」になって思いを伝え合わせる

> とても感情が揺り動かされる教材と出合いました。この教材で、子どもたちが本音を語り合う授業がしたいと思います。何かよい机配置はないでしょうか。

ここがポイント！

『机・椅子なしで、輪になって本音を引き出す』

じっくりと意見を聴き合うなら

　子どもたちの声をじっくりと聴いてみたい。そのように思う教材やテーマが1年の間に何度か訪れます。そんなときには思いきって机も椅子も取り払ってしまい、学級全体で輪（サークル）になって話し合ってみましょう。

　これは「p4c (philosophy for children：子どもの哲学)」と呼ばれる手法です。この手法では、コミュニティボール（p.69の「Advice!」参照）を用意し、問いに対して子どもたちがじっくりと語り合っていきます。「子どもたちの語りだけで授業をつくる」といっても過言ではないでしょう。

「安全・安心な空間」かどうか今一度確かめよう

　サークル型で授業をする際には、始める前に約束事をきちんと決めておかなくてはいけません。また、約束事が少しでも破られるような心配があるときには、実施しないようにします。

　授業の土台として「安全・安心な空間」がしっかりと根付いていることをもう一度確認しましょう。「どんな意見も認めることができる関係づくり」ができているからこそ、子どもたちは安心して自分の思いを語ることができるのです。

教材や発問がサークル対話に適しているか

　教材や発問が、このような授業形態に適しているかどうかもきちんと見極めましょう。サークル型は子ども主導となるため、子どもたちが読んだ後に語りたくなるような教材かどうか、子どもたちが真剣に考える価値のある発問かどうか、教師は吟味する必要があります。

　子どもたちがサークル対話で「語りたい」「語ってもいい」という気持ちが高まるような仕掛けを考えるようにしましょう。

▶ *Advice!*

> サークルになって思いを語る場面は、朝の会や学級活動の時間でも設定することができます。このように別の機会でもサークル対話を重ねることで、授業での取り組みをスムーズにすることができます。

CHAPTER 2　「特別の教科 道徳」を成功させる授業づくりの基礎・基本　**073**

CHAPTER 2 「導入」で子どもを授業に引きつける ❶

なぜ導入が大切か？① ―― 意欲付け

道徳授業で子どもたちに意欲をもたせることがうまくできません。道徳授業で子どもたちの意欲を引き出すには、どうすればいいのでしょうか。何か指導のコツはありますか。

ここがポイント！
『導入発問にこそ力を入れる』

😊 授業の始まりで「意欲」を引き出す

　子どもたちの意欲のある授業と意欲のない授業、どちらが、学習効果が高いかは明白です。もちろん、子どもたちが意欲いっぱいに取り組んでいる授業のほうが、学習効果は絶大です。では、子どもたちの意欲を引き出すにはどうすればいいのでしょうか。

　そのポイントの一つに導入があります。授業の始まりで、子どもたちの意欲を引き出すことができれば、ぐっと授業の質が高まります。

😊 導入で気を付けるべきこととは

　導入では、まず、「子どもたちが答えたくなるもの」「子どもたちが答えやすいもの」を導入発問として選ぶようにしましょう。

　授業の導入から「何を聞かれているのか分からない」「何と答えたらいいか分からない」ような発問になってしまうと、子どもたちはそれだけで「この時間、早く終わらないかな～」となり、学習意欲は下がるばかりで、集中力が切れてしまいます。

😊 導入の発問が 45 分間貫かれているか

　導入の発問が、１コマ 45 分の授業を貫いているかどうかも意識してみましょう。「導入の発問で○○と聞かれたけれど、授業が終わってみると、導入でなぜあんなことを聞かれたのか分からない」と子どもが疑問を感じるようではいけません。

　「先生はこれを考えさせたかったから、最初に○○と聞いたのか」と子どもが納得できるように、導入の発問が授業の終盤までつながっていくように意識して発問をつくりましょう。

⇒ *Advice!*

> 教材研究をする際は、導入の発問を最後に考えてみましょう。そうすることで、中心発問や終末場面での発問とのつながりを強くすることが可能となり、子どもたちの思考も 45 分間貫かれたものとなります。

CHAPTER 2　「特別の教科 道徳」を成功させる授業づくりの基礎・基本　**075**

CHAPTER 2　「導入」で子どもを授業に引きつける ❷

なぜ導入が大切か？②
——全員を授業に参加させる

21

導入で子どもたちを意欲付けようと工夫しているのですが、なかなか一部の子の反応が変わりません。学級全員の集中を引き出すためには、どうすればいいのでしょうか。

ここがポイント！

『意欲付けの発問＋全員参加の学習行為』

「書かせる」場面

それでは、まず、〇〇についてどう思うかを、ノートに書きましょう

「選択的発問」を使う場面

それでは、まず、〇〇についてAと思うか、Bと思うか、ノートに書きましょう

😊 「発問＋指示」をセットで

　導入時に気を付けるべきポイントがあります。導入の発問で子どもたちの意欲付けを行う発問をした後に、必ず「全員参加」につながる指示を合わせて行うということです。

　「発問＋指示」はセットで考えるのです。授業において学級の全員が座っているから「全員参加」というわけではありません。学級の全員が何らかの学習行為を行ってはじめて「全員参加」と言えるのです。そのための工夫をしなければなりません。

😊 「書かせる」ことで全員参加を保障する

　では、具体的にどのようにすれば「全員参加」の導入を行うことができるのでしょうか。まずは、「書かせる」ことです。

　導入で発問をした後に、すぐに子どもたちに挙手を求めてはいけないのです。そのタイミングで挙手を求めれば、当然学級の中で、すぐに分かる一部の子どもたちだけが反応することとなり、そのほかの子どもたちは挙手をせずにじっと話を聞くだけになります。授業以外のことを考えてしまうことも少なくありません。

😊 「選択的発問」を有効に使う

　「選択的発問」を有効に使うことも一つの方法です。選択的発問は、野口芳宏先生が開発された発問の方法です。発問に「○か×か？」「ＡかＢか？」と選択肢をつけるのです。また、道徳授業では「ＡかＢかＣか？」「１、２、３、４のうちどれか？」などの選択肢を発展させた発問も有効です。子どもたちは全員がどれかしらを選ぶことができます。

　「選ばせる」という行為で、全員参加を保障するのです。

〓〉*Advice!*

　「選択的発問」にすると、学年に関係なく、どの子も参加させることができます。「○か×か？」という二項対立型発問をもとに、ABC、四段階などの発問づくりを心がけると、より発問の幅が広がります。

CHAPTER 2　「特別の教科 道徳」を成功させる授業づくりの基礎・基本　**077**

CHAPTER 2 「導入」で子どもを授業に引きつける ❸

22 「自分ごと」として とらえられるようにさせる

道徳授業の成果を、ぜひ、子どもたちの生活につながるようにしたいと思っています。そのためには、どんなところにポイントをおいて指導すればいいのでしょうか。

ここがポイント！
『導入発問で「自分ごと」と思わせる』

子どもたちの生活に活かせる道徳授業を

　道徳授業は、子どもの道徳観をよりよく変容させるためにあるもので、当然、道徳観を磨けば子どもの行動が変容していくはずです。しかし、ともすれば、学んだことが道徳授業内だけの話で終わってしまい、子どもたちの生活に活きない道徳授業となってしまうことがあります。

　そのようなことにしないためには、特に「導入発問」で、子どもたちに授業のテーマを「自分ごと」としてとらえさせる必要があるのです。

「自分の経験」と重ね合わせられる発問とは

　どのようにすれば、子どもたちに「自分ごととしてとらえられる」発問ができるのでしょうか。それには、子どもたち自身のことについて聞けばいいのです。「みんなにとって本当の友達とはどんな友達ですか？」「将来、仕事をすることが楽しみですか？」「お家の人は、みんなのどんなことを知っていますか？」などです。

　子どもたちは自分自身のことを聞かれるので、当然、自分の経験と重ね合わせて思考を巡らせます。このような発問を心がけましょう。

授業の組み立てを工夫する

　導入発問で子どもたちの経験から答えられるような発問をし、中心発問や終末発問でも、子どもたち自身が経験からとらえられるように進める段階的な方法もさらに有効です。

　「自分ごととしてとらえる発問で自分を振り返る」→「教材を通して学ぶ」→「中心発問か終末発問で自分ごととしてとらえて振り返る」という流れであれば、自分の経験と重ね合わせることをより意識付けることができます。

➤ *Advice!*

　子どもたちの印象に強く残るような授業ができれば、自分のことを振り返るように仕向けなくとも、子どもたちが自分自身の生活に取り入れようとすることもあります。そのような授業を目指しましょう。

CHAPTER 2 「導入」で子どもを授業に引きつける ❹

23 「過去」を聞くようにする

> 導入の発問では、全員を参加させることが大切だと思います。しかし、なかなか教師の発問に答えられない子どももいます。どのように工夫すれば、答えさせることができるでしょうか。

✋ ここがポイント！
『経験した「過去」を聞く』

😊 導入発問ですべての子どもが答えをもつために

　導入の場面は、1コマ45分の授業のスタート地点。ここで、教師の発問に答えられないような子を生み出してしまえば、その子が45分間ずっと授業の流れに入れないような可能性もあります。そうならないためにも、導入では、すべての子どもが答えられる発問を用意することが求められます。そこで、子どもたちが「過去」を思い起こせば答えられるような発問を考えてみましょう。

　経験があることならば、答えるハードルがぐっと下がります。

😊 過去を聞く発問の実際

　過去を聞く発問には、どのようなものがあるのでしょうか。例えば、「今までにしてもらった親切には、どんなことがありましたか？」「これまでに途中で何かあきらめてしまったようなことはありましたか？」「今までに地球に対して感謝の気持ちをもったことはありましたか？」など、過去形を用いて発問をすることです。子どもたちは、自分の経験から答えを探せばいいので、とても答えやすくなるのです。

😊 子どもたちの経験にあることかどうか考えてみる

　例えば、「正義感のある人だなあと思う人は誰ですか？」「自分の知っている礼儀にはどんなものがありますか？」という発問も、じつは過去を聞いていることになります。子どもたちは、今までの自分の経験をもとに、発問に対しての回答を探そうとします。

　このように、発問の予想回答が「子どもたちの経験にあることだろうか？」などと、検証する際に多角的な視点をもって考えることも発問づくりの一つの方法です。

📣 Advice!

道徳の授業では、子どもの経験を引き出す発問を扱うと、普段なかなか挙手をしない子が発言しようとするのも見かけられます。ぜひ、積極的に発言のチャンスをあたえてあげましょう。

CHAPTER 2　「特別の教科 道徳」を成功させる授業づくりの基礎・基本　**081**

 CHAPTER 2 「導入」で子どもを授業に引きつける ❺

24 「うんうん!」と子どもが頷ける導入の発問がカギ

導入で全員が参加できる発問として、「過去を問う」のがいいことは分かりました。そのほかに、全員参加できる発問の手立てはありませんか。

ここがポイント!

『まずは小さな同意から』

😊 言葉のキャッチボールが成り立つからこそ

授業は、教師と子どもの言葉のキャッチボールで成り立つものです。教師の発する言葉が子どもに受け取ってもらえなければ、授業は成立しません。教師は子どもに受け取ってもらおうと懸命に投げますし、子どもも教師からの言葉のボールを精一杯受け取ろうとします。

しかし、ときには発問のまずさなどが原因で、言葉のボールを子どもが受け取れないことがあります。

😊 小さな同意を積み重ねる

教師からの言葉のボールを子どもが受け取れないというような事態は、特に授業のスタート時点である導入時には避けたいことであり、教師は細心の注意を払って授業に挑まなくてはなりません。そのためには、子どもたちから「うんうん！」と同意が得られるようにすることです。小さな同意を積み重ねた後であれば、教師の言葉のボールをより受けやすい状態へと子どもたちを導くことができます。

😊 同意を得てから本当に聞きたいことを聞く

例えば、次のようなやりとりがあります。

教　師：「採点されたテストが返ってくるときってドキドキするよね？」
子ども：「うん！」
教　師：「もし、０点なんてとったら、たまらないよね」
子ども：「うん！」
教　師：「じゃあ、もし０点をとったら正直にお家の人に言うかな？」
子ども：「え……！？」

まず、同意を得やすい発問をしてから、本当に聞きたいことを聞くと、すでに子どもは授業に集中しているのでより深く考えるようになります。

📝▶ Advice!

「うんうん！」という同意が得られるかどうか、今一度自分の受け持つ子どもたちの反応や表情などを細かく観察して、導入の発問を考えるようにしましょう。

CHAPTER 2　「導入」で子どもを授業に引きつける ❻

25 「未来」を見せて教材に期待をもたせる

導入で子どもたちとうまくやりとりができるようになってきました。しかし、そこからどのようにして教材へとつなげていけばいいのか分かりません。

👉 ここがポイント！
『「未来」で教材への架橋をつくる』

😊 「未来」が突破口のキーワードに

「導入段階では子どもたちは一生懸命に考え、よく発表しているけれど、その後、どうやって教材へとつなげていけばいいのだろうか？」

じつは、これ、私自身の大きな悩みでした。導入で子どもたちは自分のことを振り返り、たくさんの意見を出してしっかりと考えているが、その後、どのように教材へとつなげていけばいいのだろうか。

そんなときに突破口となったキーワードが、「未来」です。

😊 教材との出合いを演出する

野口芳宏先生は、授業中に「この問題が分からない子、手を挙げなさい」と子どもに指示をし、挙手をさせます。そして、「これから分かるようになるよ。楽しみにね！」と子どもたちに話をします。

これは、子どもたちに先に未来を見せ、これからの学習に期待をもたせているのです。道徳授業でも、このように、未来を見せてから教材へと入っていくと、子どもたちと教材の出合いも見事に演出することができます。

😊 これからの教材に期待をもたせる

それでは、具体的にどのようにして教材へとつなげていけばいいのでしょうか。

例えば、導入で「勇気」について話し合った後に、「では、『勇気』っていったい何なんだろうね。この教材をみんなで考えることで分かるようになるよ。今日はこの教材を勉強して考えてみましょう」などというように伝えます。そうして、これからの教材を用いた授業に期待をもたせていきます。

≡▶ *Advice!*

教材と子どもたちとの出合いをよりよいものにするためには、出合わせる教師自身がその教材のよさを知っておかなくてはいけません。事前に「その教材のよいところ」を自分なりに明らかにするように努めましょう。

CHAPTER 2 「特別の教科 道徳」を成功させる授業づくりの基礎・基本 **085**

Column 2

笑顔で話し合う二人

　私が毎回行っている道徳授業が、子どもたちに、即、道徳的実践力がつくような授業かと問われると、もちろんそうだと断言することはできません。

　実際、「小学校学習指導要領解説　特別の教科　道徳編」の中にも「自己を見つめ、物事を多面的・多角的に考え、自己の生き方についての考えを深める」とあるように、実践力というよりは考え方や見方を育てていくとされています。

　考え方や見方が育てば、自然に道徳的実践力もついていくのでしょうが、それはすぐに目に見えるかたちで現れるものばかりではありません。

　しかし、ときとして、すぐに子どもたちの姿に成長が見られる授業もあります。

　例えば、「ミレーとルソー」という教材による実践を行ったときのことです。これは、ミレーとルソーという二人の画家の深い友情に支えられたエピソードからなる話ですが、この授業を行う前、いつも仲のよかった二人の子どもが、少し距離を置いている状況が見られました。私は心配して見ていましたが、同時に、この子どもたちがこの道徳授業をどのように取り組んでいくだろうかということも気にかけていました。

　授業では、「深い友情」についてクラス全体で考え、議論をしました。

　感想の中には、「とても感動した。このような友情を自分も得たい」というものがたくさん見られましたが、それは、心配していた子どもたちも同じでした。

　授業が終わった後の休み時間、何気なく教室を見渡すと、心配していた二人が、笑顔で話し合っているではありませんか。二人に直接聞いたわけではないので、この道徳の授業が直接仲直りのきっかけをあたえたのかどうか、本当のところは分かりませんが、きっと心の中に確かな変化があったのだろうと実感できた授業でした。

CHAPTER 3

「特別の教科 道徳」を成功させる

授業の
組み立て

道徳授業でも展開の後半に入ると、グッと子どもたちの思考が

深められていかなくてはなりません。

子どもたちの思考を深めるためにはどのようにすればいいのでしょうか。

本章では、道徳の学びの成功を左右する

授業展開の後半に関わる具体的なワザを紹介します。

CHAPTER 3

「気付き」から授業を組み立てる ❶

まずは教材を読んで印象に残ったことを聞く

道徳の授業でも、子どもたちが主体的に学ぶようにしたいです。しかし、どのような方法で取り組ませていけば主体的になるのか分かりません。

ここがポイント！

『最初の「気付き」で授業を組み立てる』

😊 自分で取り組むことが学びの主体性をもたせる

　道徳の授業では、「発問」により授業が組み立てられることが多いようです。しかし、私は「発問」のみに頼る授業展開には疑問を感じます。発問は道徳授業においてとても大切な要素ですが、発問だけに偏った授業だと、いつまでも「教師→子ども」という学びの方向性を変えることができません。

　子どもたち自身の学びにするためにも、「まず自分で取り組ませる」という視点が大切です。

😊 「道徳読み」をさせよう！

　では、どのようにすれば、子どもたちに「自分で取り組ませる」ことができるのでしょうか。それは、CHAPTER 2-2 で紹介した「道徳読み」を使って子どもたちに教材と心を向かい合わせることです。

　「道徳読み」をさせることで、子どもたちはさまざまな気付きや印象をもちます。それを、教科書に書き込ませたり、ノートに書き込ませたりしていくのです。

😊 印象を聞けばきちんと重要な部分に気付く

　まずは、「お話を読んで、どんなことを感じましたか？」と聞いてみましょう。このとき、中心発問につながらない意見しか出なかったらなどと心配する必要はありません。

　教師が子どもたちから出る意見をうまく板書にまとめれば、子どもたちは教材のポイントにはきちんと気付くものです。意見を的確にまとめた板書の内容だけで、中心発問につながる学びを十分にすることができます。

≡▶ *Advice!*

> 低学年であれば、教材文に線を引かせるだけでも構いません。線を引いたところがどこかを発表させ、「なぜ、そこに線を引いたの？」と聞いてみましょう。子どもたちなりの理由を語ってくれます。

CHAPTER 3 「特別の教科 道徳」を成功させる授業の組み立て **089**

授業に必要な意見を キャッチする

子どもたちに「教材を読んで印象に残ったことは？」と聞くと、だんだんとたくさんの意見が言えるようになってきました。しかし、その意見をどのようにまとめればいいのかが分かりません。

ここがポイント！
『意見を聞き分け、キャッチする』

まずはたくさん意見をもてるように

　授業に必要な意見をキャッチする前に、指導すべきことがあります。まずは、子どもたちがたくさんの意見をもてるようにすることです。実際、「子どもたちが十分に意見をもてるようになったな」と思えるまでには、しばらく時間がかかるものです。

　自分が見つけたことを発表させたり、友達が発言した意見や板書の内容を写したりする活動を通して、「子どもたちがたくさん意見をもっている状態」を目指すようにしましょう。

教師の聞き耳アンテナを高くする

　子どもたちがたくさんの意見をもてるようになり、多くの意見が教室に飛び交うようになれば、次のステージに進んでいると言えるでしょう。そうなったときがまさに必要な意見をキャッチする頃合いであり、「教師の聞き耳アンテナ」を高くする必要があります。

　子どもたちから出る意見は、当然、教師がほしい順番に必ず出てくるものではありません。先に、教材の結末から出たり、真ん中から出たりもします。それらの意見を聞き取り、「この意見は黒板のこの辺りに書くのがいいな」「この意見はこれとつながるな」などと、意見を選択して板書を構成しながら子どもの意見をキャッチしなければなりません。

意見を的確にキャッチするために

　子どもたちの意見を教師が的確にキャッチするためには、子どもたちがその場でどのような意見をもつかを、事前にある程度把握しておかなくてはいけません。そのためにも、教師の教材研究はできる得る限り深くしておかなければなりません。予想される意見を洗い出し、授業の終末場面の構成を考えておきます。

➤ Advice!

> 子どもが、気付いたことをノートに書けていても、うまく言葉にできていないときは、教師が「○○ということ？」と問いましょう。質問に答えながら発言を積み重ねて自信がつくと、自分で説明できるようになるものです。

CHAPTER 3 「気付き」から授業を組み立てる ❸

意見をまとめて「中心発問」につなげる

> 子どもたちの意見をキャッチしようとするのですが、子どもたちの意見を聞いても優先順位がはっきりと分かりません。どのようにして、子どもたちの意見に優先順位を付けていけばいいのでしょうか。

✋ ここがポイント！

『「中心発問につながる」意見を聞き分ける』

「中心発問」につながる意見は何か

　子どもたちの意見がさまざまに出てきたときには、それらを聞き分けなくてはいけません。では、聞き分ける際の基準は何でしょうか。それは、言うまでもなく「中心発問につながる意見かどうか」ということです。

　「中心発問につながる意見は何か？」ということを意識しながら、子どもたちの意見を聞くようにしましょう。そうすることで、それぞれの意見をどのように扱えばいいのかが分かってくるはずです。

「中心発問」につながる意見は一つではない

　まずは、「中心発問につながる直接的な意見」を聞き分けられるようになりましょう。中心発問が定まり、子どもたちに伝えたい道徳的諸価値が決まっていれば、どの意見が重要となるかが見えてきます。そういった意見は、黒板の中心など板書構造で核となる重要な位置に書くようにします。

　また、中心発問につながる重要な意見は一つとは限りません。それらをどのように位置付けて板書するかということも、事前に検討しておくといいでしょう。

どの意見も課題を解決するための伏線となり得る

　「中心発問からは外れた意見だから」と、まったく取り扱わないのはよくありません。子どもたちは自分の意見を教師がどのように扱ってくれるかをとても気にしています。また、中心発問との関わりは小さいとしても、中心発問につながっていることはよくあります。それらの意見が課題を解決するための伏線となっていることも少なくないのです。

　どんな意見も大切にしていきましょう。

▶ *Advice!*

> はじめは、子どもたちの意見を聞き分けることになかなか慣れないかもしれません。しかし、丁寧に耳を傾けていけば、回を重ねるごとにコツをつかむことができます。継続あるのみです。

CHAPTER 3　「特別の教科 道徳」を成功させる授業の組み立て　**093**

CHAPTER 3 意見を構造的に深める「板書術」❶

構造的な板書づくりのために必要なこと

子どもたちの意見がたくさん出てくるのですが、どのように板書をまとめたらいいのか分かりません。また、板書を活用させる目的もつかめないままに授業が進んでしまっています。

ここがポイント！

『意見を「構造的に」まとめる』

板書で意見を可視化する

　「考え、議論する道徳」が打ち出されている今、板書づくりはたいへん重要です。なぜ、重要なのか。それは、「子どもたちの意見を広げたり深めたりするため」です。

　子どもたちは、教師がまとめていく板書を手がかりに、発問に対しての意見を広げたり深めたりしますが、それは、子どもたちの意見が可視化されているからこそできることなのです。意見は板書しなければ消えていってしまいます。

 ## 固定観念にとらわれず「構造化」させる

　どのような板書にすれば、子どもたちの意見をうまくまとめることができるのでしょうか。

　一つに「構造化」が挙げられます。子どもたちの意見をただ並べるだけではなく、効果的に並べるのです。そのためには、板書に既存の約束事を当てはめてはいけません。例えば、「右から書かなくてはいけない」「横書きでなければいけない」という固定概念は捨てましょう。

効果的な板書パターンを知り、使いこなす

　次頁から、教材や授業に適した板書を五つ紹介します。大切なことは、まず効果的な板書のパターンを知ることです。そして、それらを使いこなせるようになりましょう。

　毎回の授業で「今日はこんな授業をしたいから、こういった板書にしよう」と意図をもって板書づくりに挑みましょう。

▶ Advice!

> 毎回の板書をデジタルカメラなどで記録していきましょう。板書を記録し、ときに振り返るだけでも授業力向上に大いに役立ちます。写真に収めるだけならば、すぐに実践できます。

CHAPTER 3　意見を構造的に深める「板書術」❷

構造的な板書づくり パターン1　発散型

できるだけ子どもたちの意見を受けとめる授業がしたいと思っています。そんなときは、どんな板書パターンにすればいいのでしょうか。子どもたちの意見が多種多様に出ることが予想されます。

ここがポイント！

『一つの問題からたくさんの意見が出るときは発散型』

多種多様な意見が出るときには「発散型」

　子どもたちの意見がどれだけ出ても、受けとめることが教師の腕の見せどころでもあり、基本姿勢でもあります。道徳授業で子どもたちから多種多様な意見が出てくるような場合は、「発散型」の板書を用いてみましょう。

　発散型の板書では、一つのテーマについてたくさんの意見を受けとめることもできます。また、問題の解決策や登場人物の心情についての意見を聞く際にも適した汎用性の高い板書パターンです。

子どもたちの意見をとにかく書く

　発散型の板書の書き方はとても簡単です。黒板の真ん中に「教材名」や「登場人物の名前」などを書き、それを起点に、子どもたちから出された意見をできるだけ黒板いっぱいに広げて書いていくのです。

　慣れないうちは、子どもたちから出る意見をとにかく板書することに努めましょう。ただし、子どもたちの言葉をすべて書き写すことはできませんので、発言の中からキーワードを探って取り上げるように意識してみましょう。

カテゴリー別に板書する

　とにかく書くという発散型の板書に少し慣れてきたら、カテゴリー別に意見をまとめて書くことを意識してみましょう。

　カテゴリー別に書きまとめるには、教師の聞き耳アンテナをさらに高くする必要がありますが、子どもたちの意見が黒板に並ぶと、その意見をもとに中心発問を思考することができます。

▶ *Advice!*

　慣れてきたら、「仕切り線」「色チョーク」などを使ってみましょう。板書している教師のその人らしさも出てきて、個性あふれる板書へと進化していきます。板書が生き生きしていると、子どもたちの発言意欲も高まります。

CHAPTER 3　意見を構造的に深める「板書術」❸

構造的な板書づくり パターン２　収束型

意見を広げるだけではなく、「子どもたちの意見をまとめる」ような授業もしていきたいと思っています。そんなときは、どのような板書パターンを選ぶといいのでしょうか。

✋ここがポイント！

『収束型でまとめて価値を一つにしぼる』

それぞれの心情や行動から一つの価値を見出す

「授業は子どもたちの意見をどんどん広げていくもの」というイメージがあると思いますが、逆に、子どもたちの意見をまとめていくような授業も道徳授業ではあり得ます。モラルジレンマ教材を扱った授業で、「誰の判断が一番正しかったのだろうか？」という発問を投げかける場面がありますが、そのねらいは「複数名の登場人物の心情や行動を通して価値を考える」というものです。そのため、それぞれの心情や行動から一つにしぼっていく必要があるのです。

収束型板書の具体的活用法

では、具体的にはどのように板書をまとめていけばいいのでしょうか。

例えば、三人の登場人物が出てくる場合には、黒板の中心上部と右下と左下に登場人物のイラストなどを貼り、その周りに行動や心情を書き込んでいきます。そして、だんだんと黒板の真ん中へ向かって意見をまとめて三方向からの意見を近づけていき、最後に、学んだ価値（例えば、「友情とは何だろう？」）に対する答えを導いていくように記すのです。すると、視覚的にも「三人の行動から○○という価値を学んだのだな」ととらえることができます。

収束型板書で行いたい教材

「収束型板書」を用いて授業ができるような教材には、どんなものがあるのでしょうか。

例えば、「ロレンゾの友達」です。三人の登場人物（アンドレ、サバイユ、ニコライ）から、「真の友情とは何か？」を学ぶことができます。また、教材「手品師」からは、主人公の一人の手品師の中に存在する二人の自分の葛藤から、「誠実とは何か？」を学ぶことができます。

➤ *Advice!*

> 最後に価値項目のまとめをする際には、できるだけ教師の言葉ではなく、子どもたち自身で答えを出させるようにしましょう。それは、学年に関係なく行います。

CHAPTER 3 「特別の教科 道徳」を成功させる授業の組み立て **099**

CHAPTER 3 意見を構造的に深める「板書術」❹

構造的な板書づくりパターン3 時系列型

今まで見てきた多くの道徳授業では、右側から縦書きで板書をしているものがほとんどでした。そうした従来型の板書には、効果はないのでしょうか。使えるような場面はありますか。

ここがポイント！

『時系列型で「その先」を見据えさせる』

まずは板書効果を考える

これまでの道徳授業の板書では、ほとんどが右側から縦書きで記されてきました。本章では、五つの板書パターンを示していますが、もちろん「右から縦書き型」がダメなわけではありません。

ただし、板書の効果を考えずに実践しているのでは意味がありません。そのパターンの効果を授業者はきちんと知るべきです。そして、「右から縦書き型」にも、有効な場合があるのです。

未来を考えさせるために

「右から縦書き型」を「時系列型」などと呼びますが、このパターンは、「時系列に沿って授業を進めたいとき」にはとても有効です。黒板の右から左に向かって時間が進んでいるということが、一目で分かるからです。特に、時系列に沿って、過去から現在まで進み、その先のことについて考えさせたいときにはとても有効です。

道徳では、「これから自分がよりよくなっていくために」という未来志向で道徳的諸価値を学ぶことが多くあります。

偉業を成し遂げた人物を扱う教材に最適

時系列型の板書は、どのような教材で有効なのでしょうか。例えば、スポーツ選手や研究者など、偉業を成し遂げた人物について学ぶ教材がありますので、その際に時系列型の板書が適しているでしょう。

その人物の生き方を学ぶ教材ですから、時系列に沿って丁寧に追っていくことが、自然な思考の流れです。また、そのように生き方を追っていくことで、その人物がなぜ大きなことを成し遂げることができたのかが、成長過程とともに見えてくるのです。

➤ *Advice!*

時系列型の応用編として、板書位置に「高低をつける」というものがあります。登場人物の心情の変化に合わせて書く位置の高さを変えるのです。出来事と心情の移り変わりの関係を分かりやすく示すことができます。

CHAPTER 3　意見を構造的に深める「板書術」❺

8 構造的な板書づくり パターン４　ディベート型

さまざまな教科で実践されている「ディベート」は、道徳の授業でも大いに有効だと思い、よく実践していますが、どのような板書を心がければいいのでしょうか。

✋ここがポイント！
『黒板を真二つに分けて意見を記す』

😊 「二項対立」とも言われるディベート

　立場をはっきりとさせることで話し合いが行いやすくなるディベートは、子どもたちからも人気の授業スタイルの一つで、道徳の授業でも用いることがあります。道徳では「二項対立」とも呼ぶこの方法は、「賛成か反対か？」「ＡかＢか？」に分かれて話し合いをするときには非常に効果的な実践方法です。

😊 黒板を真二つに分けて意見の対立を明確化

　道徳の授業で二つの立場に分かれて話し合う際には、黒板を真二つに分けてみましょう。真ん中に縦線を一本入れるだけでいいのです。そして、それぞれの立場を左右どちらに書くかを決め、意見をまとめていきます。縦の区切り線を挟んで意見が左右にどんどん書き込まれていくので、まさしく「意見のぶつかり合い」が見てとれる板書へと変化していきます。

　これまでに出た意見が一目で分かるので、子どもはそれらの意見に対しての反対意見や質問も出しやすく、話し合いを深めやすい授業となります。

😊 道徳授業でディベートを行う際の注意点

　ただし、道徳の授業でディベートを実践する際に気を付けるべきことがあります。それは、「道徳の問題解決は、決して二項対立させるうちのどちらかだけに決まらない」という状況が出てくることです。つまり、「どちらかが正解で、どちらかが間違い」と明確に決定することができない場合があるのです。

　「正しい勇気の判断は、ＢでなくＡだ」「このときに正しいのは、花子さんであり次郎さんではない」などと答えがはっきり決まるのではなく、その場、そのときで変わるものもあるということを理解した上でディベートを行うようにしましょう。

≡▶ *Advice!*

> 立場が三つ以上となる教材もありますが、三項や四項といったさらに複数の立場での話し合いをするのは難しいことでもあります。クラスの習熟の度合いを見て、ふさわしい形態を選ぶように気を付けましょう。

CHAPTER 3　意見を構造的に深める「板書術」❻

構造的な板書づくり
パターン5　縦方向（上⇔下）型

> 黒板は横に長いため、横方向に活用することが多いように思いますが、黒板を縦方向に使うことはできないのでしょうか。また、縦方向の板書は、どのような効果がありますか。

✋ ここがポイント！

『上下に活用してイメージからも学びを深める』

😊 黒板を縦方向に使ってみる

黒板は横に長いため、通常、横方向に板書の流れが進むことが多いのではないでしょうか。また、中心から外側に（もしくはその逆）使用することもあるかと思います（前述の拡散型と収束型）。

しかし、黒板を縦方向に使うことも可能です。上側→下側、あるいは下側→上側といった縦方向に使って板書することによっても大きな効果があるのです。ここでは、その二種類の板書を紹介します。

😊 上→下：抽象的から具体的へ

まずは、上側から下側に向かって書く板書の効果です。この板書には「抽象度の高いものから具体的なものへと落とし込む」という効果があります。

例えば、上側に「友情とは何か？」「よい仕事とは？」など問いを書きます。そして、それらについて教材から感じたことや子どもたちの意見を、最初の問いの記入を始点にどんどんと下に向かって書いていくのです。書いていくうちに、テーマについてより具体的な意見が出されていきます。

😊 下→上：土台の上に要素をのせる

次に、下側から上側に向かって書くパターンを紹介します。これは「土台を強調してその上に何かをのせていく」ようなイメージを子どもにつかませるときに有効です。例えば、登場人物の信念などキーワードを下側に書き、それを土台にどのようなことが起こったり、登場人物がどのようなことを思ったりしたかを上に積み上げていくように記録していきます。

授業終了後には、「登場人物は、これを土台にここまでのことを成し遂げたんだな」と感じることができるでしょう。

➤ Advice!

> 本章で紹介している板書パターンにも言えることですが、どのような板書でも「矢印」と「囲み」が重要になります。この二つをうまく使いこなすことで、構造的な板書となり、子どもの学びもより深まっていきます。

CHAPTER 3 「特別の教科 道徳」を成功させる授業の組み立て **105**

CHAPTER 3　心を奮い立たせる「中心発問」❶

子どもが本気で考える発問の条件とは

道徳では発問にこだわって授業を実施していますが、なかなか子どもたちが本気で考えるような発問を生み出すことができません。どうすれば子どもたちが本気なって考える発問ができますか。

ここがポイント！

『素材研究・意外性・教材との適合』

発問づくりの三つのポイントは、
① 本気で素材研究
②「ズレ」を生み出す
③ その教材ならではの発問か
だから……

ポイント１：本気で素材研究をしているか

　子どもたちが本気で考える発問を生み出すためには、まず教師が本気でその教材・価値と向き合うことです。前章でも述べましたが、「素材研究（一人の人間として教材・価値と向き合う）」をどれだけしているかが大きな分かれ道なのです。

　一度、「子どもたちを本気で考えさせよう」という視点を取り払い、一人の人間として本気で教材・価値と向き合ってみましょう。

ポイント２：子どもたちの中に「ズレ」を生み出す

　素材研究をしながら教材・価値と向き合っている中で、子どもたちに問いたい発問が生まれてきます。そのとき、その発問にほんの少しだけ工夫を凝らしましょう。子どもたちの中に「ズレ」を生み出すのです。意外性を生み出すとも言えます。

　例えば、それは、「今まで地球に『ありがとう』と言ったことがありますか？」などです。子どもたちは思いもよらないことを聞かれると関心をもち、本気になって考えます。

ポイント３：その教材ならではの発問か

　また、生み出した発問が「その教材ならでは」のものになっているか、ということを確認しましょう。よい発問だと思っても、教材から大きく離れてしまっては、教師のひとりよがりの発問となってしまい、子どもたちと心理的距離が生まれてしまいます。

　思いついた発問には、つい手離しに「よし、これだ！」と思ってしまうものですが、一歩立ち止まって考えるようにしましょう。

≡▶ Advice!

　発問は、必ず黒板に書き出しましょう。子どもたちとのやりとりで何度も口にしているうちに文言が変わってしまう場面を見かけますが、それでは、子どもの思考が混乱してしまいます。そうなれば本気どころではなくなります。

CHAPTER 3　「特別の教科 道徳」を成功させる授業の組み立て　**107**

CHAPTER 3　心を奮い立たせる「中心発問」❷

11 導入での子どもの印象を土台に発問を活かす

教材研究を納得がいくまで行い、自分でも「これだ！」と思う中心発問を子どもたちに投げかけているのですが、なかなかうまくいきません。周りの先生にも「よい発問だね」と言われるのですが、何が問題なのでしょうか。

ここがポイント！
『子どもが教材と向き合う時間をとる』

☺ 「教師の押しつけ」とならないように

「中心発問」と呼ばれるほどなので、授業の中心となる発問であり、授業の山場となります。うまくいかないときは、「山場までの道のり」を振り返ってみましょう。

教師がいきなり山の頂上まで登ろうとしている状況を見かけることがあります。それは、一見、よい発問のようでいて、中心発問が「教師の押しつけ」となってしまっているのです。

☺ 導入で「○○たい」と思わせているか

中心発問が「教師の押しつけ」とならないためには、まずは導入を見直しましょう。子どもたちは本当にその授業の導入で「考えたい」「やってみたい」という「○○たい」気持ちを抱けているかどうか、ということです。意欲のない状態の子どもには、何を投げかけても思考が活発化するということはありません。

まずは、導入で「○○たい」と思わせるようにしましょう。

☺ 子どもが教材と十分向き合えているか

中心発問がうまくいかない原因の二つ目として、「子どもが教材と十分に向き合えていない」ということがあります。

授業で学習しているのは、子どもたちなのです。教師は教材研究の際に十分に教材を読んでいますが、子どもたちはどうでしょう。本当に十分に教材との対話の時間が確保されているでしょうか。

教材と向き合えていなければ、何を問われても思考することなどできません。ぜひ、授業構成を見直して、まずは一人で読む時間やノート作業の時間をしっかりとりましょう。

≡▶ *Advice!*

授業の回数を重ねるごとに中心発問による話し合いの時間が充実し、授業時間内だけでは子どもたちが教材と向き合うのには不十分となってきます。そんなときこそ、予習システムを導入しましょう。

CHAPTER 3　心を奮い立たせる「中心発問」❸

12　「AかBか？」「○か×か？」の二項対立型発問で子どもの思考を刺激する

子どもたちが本気になって考える発問づくりをしたいと思っていますが、まずは何から手を付けたらいいでしょうか。入門となるような発問はありますか。

ここがポイント！

『まずは「二項対立型発問」をつくり出す』

子どもたちが本気になって考える発問とは

前々項（CHAPTER 3-10）で「子どもが本気で考える発問の条件」について述べましたが、子どもたちが本気になって考える発問づくりの入門として、「二項対立型発問」がおすすめです。教材から問いたいことを探し出し、「〇か×か？」「AかBか？」というようにします。

例えば、「登場人物は〇〇してよかったのだろうか、よくなかったのだろうか？」「〇〇の人生は苦しい人生だったのか、幸せな人生だったのか？」といった具合です。

二項対立型発問だから考えを決められる

なぜ、子どもたちは「二項対立型発問」だと本気になって考えるのかというと、それは、「全員が答えることができる」からです。たとえ、「なんとなく」という理由でも、「ひとまずこっちの意見にしよう」と決められ、どちらか答えることができます。これを「立場を決める」と言います。

「登場人物の人生についてどう考えるか？」のような発問は、二項対立型ではないため、自分の立場を決めることが容易ではなくなります。子どもは「立場を決める」からこそ、その後の授業展開も本気になるのです。

立場を決めるからこそ議論が深まる

立場を決めた後ならば、「理由」を考えやすくなります。つまり、いったん自分が決めた立場に基づいて、「なぜ、自分はこちらの立場にしたんだろう？」という根拠を考えることができます。これは、立場を決めるという行為から自然に起こる思考パターンです。

立場と理由がまとまれば、発言の準備ができています。発表が始まると、自分は立場を決めているので、今度は他の人の意見が気になってきます。こうして、議論がどんどん深まっていくのです。

≡▶ *Advice!*

発展として、「今の〇〇くん（さん）の意見に賛成か反対か？」というように、子どもの発言をそのまま発問にしてしまうワザがあります。自分の立場を決めなければならないため、真剣に友達の意見を聞くようになります。

CHAPTER 3　心を奮い立たせる「中心発問」❹

13 二項対立に「少しの工夫」を加えてさらに思考を刺激する

二項対立型発問を用いたときに、「先生、決められません。AとBと思うのですが、少しBも含むのです……」と真剣に悩む子どもがいました。こうした場合を想定して、何か二項対立型発問に工夫することはできないでしょうか。

ここがポイント！

『選択肢に少し工夫して多様な意見を引き出す』

二つの選択肢では意見を引き出せないことも

　二項対立型発問は、すぐれた発問技術です。しかし当然、万能型ではありません。特に道徳の授業は、子どもたちの複雑な意見を受けとめられるような内容を目指す必要があります。

　例えば、登場人物の行動に対して、「（正直に）言うか、言わないか？」という選択肢だけでは、子どもたちが立場を決められず、意見を引き出しきれないことがあるのです。そんなときは、どうすればいいのでしょうか。

中間の選択肢を入れるワザ

　そんなときは、上記の例では、「言えない」という中間の選択肢を設けます。すると、必ず何人かの子が「そうそう！」と、納得した表情を浮かべることがあります。また逆に、「言う」「言わない」という選択肢を提示した後に「言えない」という選択肢を提示すると、「うわ〜、これは悩む〜」と真剣に考える子どもの様子も見ることができます。

　選択肢を増やすことで、子どもの意見を引き出すことに成功します。

選択肢を四つにするワザ

　選択肢を四つにするワザもおすすめです。「登場人物は、この場合、言うのがいいでしょうか、言わないのがいいでしょうか？」と発問し、「次のうち『1言わない、2〇〇〇〇、3〇〇〇〇、4言う』から選びましょう」と指示をします。こうすることで、子どもたちは自分の意見を慎重に選ぶようになります。

　このときに注意したいのが、中間の選択肢をつくらないことです。中間の選択肢をつくると、子どもは深く思考しないままに中間を選んでしまうことがあるので、提示しないほうがいいでしょう。

▶ Advice!

　立場の選択肢を増やすと、より多様な意見が生まれます。子どもたちに聞き耳アンテナを高くするように指導しましょう。もちろん、教師も子どもたち一人一人の意見の違いをよく聞くように気を付けなければなりません。

CHAPTER 3　心を奮い立たせる「中心発問」❺

選択肢を用いない発問で思考を刺激する

発問には必ず選択肢が必要なのでしょうか。選択肢を用いない発問というのはないのでしょうか。いつも選択肢を入れないといけないと思ってしまうと、パターン化してしまう気がして悩みます。

👆 ここがポイント！

『ズバリと聞いて、本質に迫る』

本質に迫るために、あえて選択肢を用いない

　発問にいつも選択肢をつけなければいけないかというと、当然、そんなことはありません。選択肢を入れる発問が思考を深めるために有効なことは間違いありませんが、選択肢をあえて入れないほうがいいこともあります。

　選択肢を入れるのではなく、ズバリと子どもたちの本質に迫るのが有効な場面があります。では、選択肢を用いない発問にはどんなものがあるのでしょうか。

価値の本質に迫る発問とは

　まずは、「価値の本質に迫る発問」です。道徳の授業には、設定された価値項目が存在します。「友情とは？」「仕事とは？」というように、価値について学ぶのが道徳の授業です。

　価値についてズバリと考えさせたいときには、「友情とは何なのでしょうか？」「仕事とは何なのでしょうか？」というように、発問の中に「価値を表す言葉」そのものを入れて意見をズバリと聞くのがおすすめです。

「一言添える」というワザ

　さらに、こうした発問を深くするワザの一つに、「一言添える」というものがあります。例えば、先ほどの発問を、「本物の友情とは何でしょう？」「プロの仕事とは何でしょう？」というようにすると具体的になり、子どもたちが本気になって考える発問へと進化させることができます。

　そのほかにも、「日本一ぽかぽかな学級とはどんな学級だろう？」など、極端なケースや聞きなれない単語を入れて聞き、子どもの思考を刺激するというワザもあります。

▶ Advice!

　選択肢を用いない発問は、教師のセンスが問われます。じっくりと教材研究をした上で、たくさんの発問を考えてみましょう。たくさんの発問を考えることを積み重ねていくからこそ、教師の発問センスが磨かれるのです。

CHAPTER 3　「特別の教科 道徳」を成功させる授業の組み立て　**115**

CHAPTER 3　心に落とし込む「授業のまとめ」❶

自分の言葉で
まとめの感想を書かせる

道徳以外の教科の授業では、最後にまとめを書くことがほとんどです。道徳科でもまとめをする必要はあるのでしょうか。また、どのようにまとめをすればいいのでしょうか。

ここがポイント！

『最後に子ども自身の言葉で感想をまとめさせる』

子どもにそれぞれの言葉で書かせる

他教科と同じように、道徳科の時間でもまとめを書かせることは大切なことです。ただ、他教科と大きく違うことは（当たり前のことですが）、まとめの内容は子どもたちそれぞれの思いから出た言葉でまとめていいということです。

他教科では、教師あるいは全体でまとめた言葉があり、子ども全員がそれを同じまとめとしてノートに書き写すことがほとんどでしょう。しかし、道徳授業では、それは絶対にしないようにしてください。

子どもたちのまとめから授業の善し悪しを探る

子どもたちがまとめにどのようなことを書くか、ぜひ、注目してください。子どもたちのまとめの言葉に、その授業の善し悪しがすべて表れます。「こちらの意図することに気付かせることができているかどうか？」「子どもたちの思考がどこまで深まったのか？」、そんなことを確認することができるのです。

まとめを書かせる際の指示の基本は、「授業の感想を書きましょう」です。ありのままの子どもたちの思いを記録させていくようにしましょう。

感想を書く「視点」を指導する

年度始めには、感想を書く「視点」を教師が提示することもあります。本時の道徳授業を受けて、「ぜひ、自分も真似してみたいと思ったことはないか？」「自分にも同じような間違いはないか？」などを子ども自身に確認させるのです。

こうした視点を伝えておくと、道徳の授業と普段の生活をつなげようとする子どもの意識を高めることができます。

≡▶ *Advice!*

低学年では文章を書くのに時間がかかることもあります。そのようなときは、こちらが聞きたい項目をあらかじめつくり、それを「◎、○、△」の３段階でそれぞれを振り返らせるということもできます。

CHAPTER 3 「特別の教科 道徳」を成功させる授業の組み立て **117**

CHAPTER 3　心に落とし込む「授業のまとめ」❷

16 授業最後の発問にこだわる

授業の最後には、感想を書かせるだけでいいのでしょうか。授業によっては中心発問の後にもう一度意見が聞きたくなることもあります。最後に、子どもたちに発問するとすればどんなことを問えばいいのでしょうか。

ここがポイント！

『終末場面で子どもと授業内容とをつなげる』

「終末発問」をどこに入れるか

　「導入」「教材と向き合う」「中心発問」「感想」という四つが、道徳授業の基本的な組み立ての要素となります。ただし、これはあくまでも基本なので、もちろん変化があっても構いません。

　教材や授業によって組み立てが変わることは当然あります。例えば、「終末発問」を入れることも変化の一つの形です。「中心発問」と「感想」の間に「終末発問」を入れる授業にも、ぜひ取り組んでみてください。

「終末発問」で問うべきこと

　では、どんな授業のときに「終末発問」を取り入れていけばいいのでしょうか。例えば、中心発問で「登場人物の最後の場面の心情」を扱った場合、このままでは教材と子どもたちをつなぐことができずに授業を終えてしまうおそれがあるような際は、「今日は、○○と□□の友情について学びました。では、みなさんは、これから友達とどんな関係でいたいと思いますか？」と最後に問うのです。すると、子どもたちが自分ごととして授業内容を考えることができるのです。

子どもと授業内容とをつなぐ

　「終末発問」では、子どもと授業内容を直接結び付ける発問を入れるといいでしょう。例えば、「○○と（□□のときには）どんな関係でいたいですか？」「もし、日本一ワクワクする学校をつくるなら、どんなことをすればいいですか？」「今日の学習を活かして自分ができることは何ですか？」などの発問があります。「もし〜」「〜関係」という言葉は、実際の生活へとつながる便利な言葉です。

　ぜひ、このほかにもさまざまな発問を考案して取り組んでください。

⇒ *Advice!*

　「終末発問」を入れて「感想」を省くことも可能です。「終末発問」が「感想」の役割を果たすこともあるからです。授業を組み立てるのは、授業者である教師です。いろいろな工夫に挑戦していきましょう。

CHAPTER 3　心に落とし込む「授業のまとめ」❸

17 まとめで余韻を残す

子どもたちが道徳科の時間に学んだことを日常生活に活かすためには、どんな仕掛けが必要でしょうか。道徳科の授業内容は、道徳科の時間内に限らず、あらゆる場面で活用すべきだと思いますが、具体的な手立てが分かりません。

ここがポイント！

『終末場面の余韻で日常生活とつなぐ』

終末場面でとるべき方法

　道徳科では、授業の終末場面をどのような雰囲気で終えると日常生活につながるのでしょうか。他教科であれば、その時間内に学んだことを身近な言葉に表して、気持ちをすっきりさせて終えることもあれば、その時間で学んだことからさらに知りたいことや分からないことをノートに書き出して提出し、「オープンエンド」で終わることもあります。しかし、道徳科では、次の方法をとります。

終末場面では「余韻」を残す

　終末場面では、子どもたちに授業の「余韻を残す」ようにしましょう。「今日は何だかいい授業だったな」「授業はもう終わりなんだな」というような気持ちを子どもたちの心に残すことを意識するのです。

　また、教師もそのような気持ちになって授業を終えることができたのなら、子どもたちも同じような気持ちになっていることでしょう。そのような展開を組み立ててみましょう。

余韻を残す理由

　なぜ、終末場面に「余韻を残す」といいのでしょうか。それは、道徳をなぜ学ぶのかということにもつながります。子どもたちが道徳科で学んだことを実践する場は、道徳科の授業時間に限りません。道徳科以外のすべての時間なのです。そしてそれは、学校の内外を問いません。

　少し余韻を残すことで、想像が広がり、子どもたちは道徳科の授業以外の時間にも、学んだ価値について考えるようになるのです。

≫ *Advice!*

日々の生活の中で自分自身が余韻に浸った経験がないかを思い起こしてみましょう。ドラマや映画、小説や漫画などと触れ合う機会にそのような体験があるはずです。そうしたよい余韻のイメージをつかむようにしましょう。

CHAPTER 3　心に落とし込む「授業のまとめ」❹

18 教師の感動を言葉以外のものにのせて伝える

先日の道徳授業で「教師の説話」をしたところ、それまで積み上げてきた授業の雰囲気が一気に崩れてしまうような経験をしました。子どもたちも、何だか浮かない表情でした。なぜでしょうか。

ここがポイント！

『「教師の感動」で子どもの気付きを引き出す』

「教師の説話」の危険性

道徳の授業の終末場面でよく見かけるものに「教師の説話」がありますが、安易に「教師の説話」に流れないようにしましょう。

教師の説話は、教師自身の体験であり、準備にも手間がかからないという利点はあるのですが、教師の説話をしてしまったがために、子どもたちにとって他人事になってしまい、その授業で積み上げてきた主体的な雰囲気が一気に崩れてしまうことすらあるのです。

子どもたちが「自ら気が付ける」仕掛けを

では、どのような終末場面での指導が考えられるでしょうか。その一つに、「教師の説話で話したかったことを別のものにのせる」という仕掛けがあります。子どもたちに伝えたいことを、直接伝えるのではなく、何かを通して伝えるようにするのです。

道徳的な価値は、安易に直接伝えると、子どもたちが引いてしまうことがあります。子どもたちが自らその価値に気付けるような仕掛けを講じることがポイントです。

「教師が感動したこと」を提示する

教師の説話を用いずに、別のものにのせる場合には、どのようにして子どもたちに終末場面で道徳的諸価値を伝えるといいでしょうか。

一つは、「教師が感動したことを提示する」ということです。提示するものは、写真、絵、動画、音楽、詩など、価値に関することで教師の感動がこもったものがいいでしょう。

価値に関して直接的に伝えるのではなく、提示したものを通して子どもたちが自分自身で感じることができるように、身近な事柄にのせるようにするのです。

➤ *Advice!*

日常的に「小さな感動」を見つけるようにしましょう。「これ、何かいいな〜」と思ったものがないか、意識して生活するのです。少しでも心に引っかかった事柄は、その場で写真などに収めて、後で振り返れるようにしておきましょう。

CHAPTER 3　心に落とし込む「授業のまとめ」❺

19 説話ではなく子どもの言葉で印象に残す

授業の終末場面で、子どもたちを活躍させることはできないでしょうか。教師の説話では、こちらが話す時間になってしまうので、その時間を子どもたちにスポットを当てる時間にしたいと思っています。

ここがポイント！
『じっくり考えさせ、しっかり発表させる』

☺ 「子どもたちの感想」を活かす

　授業の終末場面で素材として提示できるのは、教師発信のものだけではありません。1コマ45分の授業を通して考え続けてきた子どもたちから引き出すこともももちろん可能です。

　子どもたちは、導入から終末までの時間にたくさんのことを感じ取っています。その感じたことを表現しているのが感想なのです。子どもたちの感想もまた本質に迫り、思いの込もったものなのです。

☺ パワフルな子どもの声を共有する

　終末場面で子どもたちの感想を使う場合には、そのままストレートに子どもたちに発表させるようにしましょう。子どもたちのそのままの声を学級全体で共有するのです。場合によっては、感想ではなく、教師からの終末発問の答えという形であるかもしれません。

　どちらにしても、45分の授業を通じて真剣に考え続けてきた子どもたちの声はとても大きなパワーをもっているものです。

☺ 感想を発表させるときの注意点

　ただし、感想を発表させる際には気を付けることがあります。それは、「感想を書く時間をしっかりと確保する」ということと、「発表の時間をしっかりと確保する」ということです。

　じっくりと振り返っていないものを発表させても、中身の薄いものになってしまいます。また、時間が十分にない中で発表をさせることも、感想を味わい、余韻をもたせるという点で適していません。

➤ *Advice!*

> 低学年の場合、感想をまとめることが難しければ、教師が設定する項目ごとに自己評価をさせるのも一つの方法です。「なぜ、その評価を選んだのか？」と理由を発表させることで子どもたちの声を活かすことができます。

CHAPTER 3　心に落とし込む「授業のまとめ」❻

20 ときには教師の語りで授業を終える

「教師の説話はいけない」との指南がありますが、授業の終末場面で教師が話をすることはやはりいけないことなのでしょうか。

ここがポイント！

『準備をして、実感を込めて語る』

126

安易に「説話」を差し込まない

　危険なのは、「安易な教師の説話」です。終末場面でほかの展開を考えることなく、ただ「教師の説話」を差し込んでいるだけでは、子どもたちの心へは話の本質はまったく届きません。届かないだけならまだしも、45分間をかけて積み上げてきたものを一気に崩し去ってしまうことすらあります。

　「教師の説話を入れなければいけないから」などという機械的な理由で説話を子どもたちに話すのはやめましょう。

 ## ぜひ、「教師の語り」を

　では、教師の話は具体的にどうすればいいのでしょうか。私は「教師の語り」と呼んでいますが、とにかく「実感を込める」ということです。

　授業の終末場面では、「しなければならないから」「そう決まっているから」という機械的な判断ではなく、「これをぜひ子どもたちに話したい」「これは何としても聞いてほしい」と思うことを、「教師の語り」として子どもたちに伝えるようにするのです。

 ## 語りにもひと手間を

　当然、実感を込めた語りをするためには、事前に準備をする必要があります。「こんなことを話そう」と漠然としたものではいけません。ほかの準備と同様に、子どもたちに話をする語りにも「ひと手間」をかけましょう。

　例えば、語る内容を実際に文字にして表したり、子どもたちに語るつもりで練習をしたりします。その際、押しつけやひとりよがりになっていないかも吟味しましょう。こうして、自分の語りに「ひと手間」をかければ、必ずや子どもたちの心に響くものとなるでしょう。

> **Advice!**
> 見本となる「語りの上手な人」を探しましょう。同業の教師かもしれないし、テレビに出ているような著名人や他業種の人かもしれません。その人の語りを観察し、そのワザをまずは真似てみることで語りが上達します。

Column
3

自分自身に
哲学的な問いを向ける①

　私は、先人やスポーツ選手などを題材とした道徳教材を好んでいます。私自身の最初の著作が『日本の心は銅像にあった』（育鵬社）であることからも、「相当な偉人好きなんだろうな〜」と思っていただけるのではないでしょうか。

　しかし、授業の中で、先人などを題材とした道徳教材で扱う内容項目の一つ、「高い目標」などを教えるときには、ずっとある悩みを抱えていました。それは、「教材に出てくる登場人物の生き方が、あまりにすごい」ということです。

　そもそも、この「あまりにすごい」ことの何がいけないのでしょうか。実際、私自身がそこに惹かれているからこそ、さまざまな先人について学んできているのです。また、そうした先人のすごみを知り、「自分もこのように生きていきたい」と素直に感動する子どもたちもいます。しかし一方で、「何でこんな生き方ができるのだろう。私なんかには、とても無理」とネガティブに感じている子も多くいるのです。なかには、「そこまでする必要があるのかな？」と疑問をもつ子さえいるほどです。

　私は、「どうすれば、そうした子たちをも巻き込んだ授業が行えるのか？」とずっと考え、悩んできましたが、ある日、本書でも紹介している「内容項目についての素材研究」（p.37）を、自分なりに取り組んでみることにしました。「『高い目標』とはそもそも何なのだろう？」ということを、自分自身の中で何度も何度も問いかけていったのです。

　「高い目標」について考えを深めていくうちに、次のような問いをもつことに成功しました。「人はそもそも、なぜ、目標をもつのだろうか？」ということです。目標をもてば、充実感ややりがいを得られる一方で、苦しみや挫折感も味わいます。それでも、小さな目標となれば、すべての人が「目標をもつこと」を経験しているのです。つまり、「何でそこまでするのだろう？」と懸念を抱いている子どもたちもまた、目標をもったことのある人間の一人なのです。

（「Column 4　自分自身に哲学的な問いを向ける②」（p.142）へと続く）

CHAPTER 4

（ 道徳授業以外でも！ ）

必ず子どもに
教えておきたい
「道徳」

道徳教育は「全教育活動で行う」とされています。

道徳授業だけで子どもたちの道徳性が高められていくのではありません。

本章では、道徳授業以外で、子どもたちの道徳性を養うための

指導について紹介します。

CHAPTER 4
1 立腰

新学習指導要領では、道徳教育は「特別の教科 道徳」を要として、全教育活動で行うと聞きました。まず、これだけは絶対に子どもたちに指導するべきことには、どのようなことがあるでしょうか。

ここがポイント！
『学習の基本である正しい「姿勢」を教える』

立腰の姿勢

子どもたちの基本の姿とは

　さまざまな活動に取り組む学校教育の場において、子どもたちの学習の基本の姿とは、まぎれもなく「自席に座る姿」です。

　どのような学級でも、「自席に座らない」ということはないでしょう。また、取り組む活動は多様であっても、どの活動も、まずは、「教師の話を座って聞く」ことから始まります。

正しい姿勢とは

　「姿勢を正しなさい」という趣旨の指示を子どもたちに投げかけることは度々あると思いますが、その際、子どもたちに「正しい姿勢」そのものを教えているでしょうか。自席に座る際の正しい姿勢は、「立腰（りつよう）」です。腰骨を立て、背中を真っ直ぐにして座るのです。

　子どもたちには、座り方と同時に「立腰」という言葉、さらには「なぜ、その姿勢がいいのか」という趣意説明を行います。

「立腰」のよさ

　なぜ、「立腰」がいいのでしょうか。第一には、集中がしやすいからです。腰がきちんと立つだけで、脳にまで血液がよく巡り、しっかりと集中ができるようになります。また、自然に考え方が前向きになります。よい姿勢をしながら、悪いことを考えようとは誰しも思わないでしょう。さらには、学級みんなの姿勢がよくなるだけで、授業中の雰囲気もとてもよくなります。

　「腰を立てる」正しい姿勢を習慣化するだけで、これだけの効果があります。

➤ *Advice!*

　腰が痛くなったら、「椅子の下に足を入れてもいい」と教えましょう。椅子の下に足を入れても、腰はきちんと立てたままです。こうしたワザを教えることで、姿勢に対する子どもたちの意識が高まります。

CHAPTER 4　道徳授業以外でも！　必ず子どもに教えておきたい「道徳」　**131**

挨拶

学校生活においても、挨拶をする場面がたくさんあります。挨拶の大切さを指導しなければならないことは分かっているのですが、どうすれば子どもたちに挨拶の意欲をもたせることができるでしょうか。

ここがポイント！

『挨拶の意味を説明してから身につけさせる』

132

しつけの三原則

　教育者の森信三先生は「しつけの三原則」として「朝、必ず親に挨拶をする子にすること」「必ず『はい』とはっきり返事のできる子にすること」「履き物を脱いだら、必ず揃える子にすること」「席を立ったら必ず椅子を入れる子にすること」を提唱されています。この三つのしつけを身につければ、間違いないということです。

　その中でも、一番に登場するのが「挨拶」です。挨拶の大切さは、言っても言いすぎることはありません。

挨拶することの意味とは

　まずは、挨拶をすることの意味を子どもたちに説明しましょう。人は「意味も分からないことを強要される」と、自然と拒んでしまうものであり、趣意説明を行うことは大切です。

　挨拶をするのは、「心と心を近づけるため」です。「挨」は「押す、押し進める」、「拶」は「近づく、せまる」という意味がそれぞれあります。そんな漢字の意味を伝えることも、挨拶の意義を伝えることにつながります。

ゲーム化して、楽しんで身につけさせる

　よい挨拶を習慣化するのには、ゲーム化も有効です。「まず自分から挨拶をする」という習慣を身につけさせるためのものです。

　ルールは簡単に、「相手より自分が先に挨拶できたら1点」とします。子どもたちは自分が起きてから朝の会までの間の点数を覚えておき、朝の会で発表します。記録化するのもいいでしょう。教師ももちろん参加しましょう。子どもたちよりも先んじる……などすると教師も一緒に楽しめます。教師が率先して行う様子は、子どもたちの刺激にもなります。

➤ Advice!

> 挨拶の際にする「お辞儀」の動作の意味も教えるといいでしょう。人間の身体でもっとも大切な頭を相手に近づけることで、「私はあなたのことを味方だと思っています」という意思表示の意味が元々あります。

CHAPTER 4 返事

「挨拶」「返事」「履き物揃え」がしつけの三原則と教えていただきました。このうち、「返事」はどのように指導をすればいいのでしょうか。子どもたちにうまく指導する自信がありません。

ここがポイント！
『返事指導でも趣意説明とイメージが大切』

返事指導の大切さは昔から

返事の大切さはずっと昔から説かれてきました。「名前を呼ばれたら、返事をしなさい！」は、誰もが言われてきたセリフではないでしょうか。

名前を呼ばれた子どもが「はいっ！」とはっきりとした返事をしている姿を見ると、じつに清々しいものです。

しかし、子どもたちにそれを定着させる指導となると、そう簡単なことではありません。

なぜ返事は必要なのか

まずは、子どもたちに「返事がなぜ必要なのか」という趣意説明をすることです。返事が必要な理由は、もちろん言葉を投げかけられたら返すのが「コミュニケーションの基本」であるからです。

コミュニケーションとはキャッチボールです。言葉を投げかけても、相手から何も返ってこなければ、コミュニケーションは成立しません。

さらには、返事をする場面では、その前に自分の名前が呼ばれています。名前は大切なものです。その名前が呼ばれたときには、丁寧に返事をするのが大事であることを子どもたちに伝えましょう。

よい返事のイメージをもたせる

返事をよくするための具体的な指導としては、子どもたちに「よい返事」のイメージをもたせることです。

そのためには、ただ「はい」と返事をするのではなく、はっきりと元気よく「はいっっ！！」と返事をするのがよい返事だということを教えましょう。「っ」が入ることで歯切れのいい返事になるのです。

これを文字で表し、黒板に書くことで、「はいっっ！！」を可視化しておきましょう。

➤ Advice!

だらっと返事をするのではなく、素早く返事をさせることも指導しましょう。ときには「0.2秒で返事をしなさい！」などというように、具体的な指示を出すのも効果的です。

CHAPTER 4　道徳授業以外でも！　必ず子どもに教えておきたい「道徳」　**135**

CHAPTER 4

4 履き物揃え

「子どもたちに、脱いだ後の履き物を揃えるように指導してください」と管理職からの指示がありました。「なぜ、履き物を揃えるのか？」という意義をしっかり理解させた上で指導したいです。何かよい方法はありますか。

ここがポイント！

『「揃える」のは意識を高めている表れと教える』

☺ 「揃える」ことの大切さ

「揃える」という習慣はとても大切なことです。履き物を脱いだ後、その履き物をきちんと揃えて片付けることは、意識を向けていなければできません。これは、履き物だけではなく、「プリントを揃える」「ランドセルの向きを揃える」などにおいても同じことが言えます。

どんなことも「揃える」という意識は高ければ高いほうが、集団としてのまとまりのレベルも高いものにあると言えるでしょう。

☺ 履き物を揃える意義

「履き物を揃える」ことに関連した次のような有名な詩があります。
「はきものを　そろえると　心もそろう／心がそろうと　はきものも
そろう／ぬぐときに　そろえておくと／はくときに　心がみだれない
／だれかが　みだしておいたら／だまってそろえておいてあげよう／
そうすればきっと　世界中の人の心もそろうでしょう」

藤本幸邦さんという住職が作られたものです。単なる直接的な指導ではなく、こうした詩を子どもたちに紹介することで、履き物を揃える意義は伝わりやすくなります。

☺ 履き物への意識を高めさせる

靴箱など靴を片付ける場所に、「きれいに揃った靴の写真を貼っておく」ことも一つの方法です。

子どもたちは、そのお手本を見る度に、履き物への意識を高めることができるでしょう。また、自分の靴がその写真の状態と違うことで、違和感を感じることでしょう。このように正しい状態を意識させ、履き物を揃えるということを習慣化していくのです。

≡▶ *Advice!*

学級の靴箱は、学級の状態を表しているとまで言われることがあります。子どもの靴箱を見ることで、今の学級の様子が分かってしまうのです。状況把握のために、あえて指導をせずに、まず、靴箱を覗くのも一つの手です。

CHAPTER 4　道徳授業以外でも！　必ず子どもに教えておきたい「道徳」　**137**

CHAPTER 4

5 時を守り、場を清め、礼を正す

少しずつ学級が乱れてきてしまっています。今すぐに気を付けなければいけないことや、日々できる道徳的な実践を教えてください。

ここがポイント！

『「職場再建の三原則」を頭に叩き込む』

もしも、学級に乱れを感じたら

　教育者の森信三先生は「職場再建の三原則」として、「時を守り、場を清め、礼を正す」を提唱されています。この三原則への意識を高めることで、荒廃していた中学校全体が立て直ったという実践報告もあるくらいです。学校現場だけではなく、一般企業でも取り入れられているほどに、この原則は広く注目されています。もし、学級に乱れを感じたら、もちろん乱れを感じていなくても、平素からこの三原則を頭の中に入れておきましょう。

「時を守る」

　「時」を守るとは、まずは「始まりの時間と終わりの時間」を守るということです。「時間を守る」と聞くと、始まりを意識する人が多いのですが、終わりの時間を守ることももちろん含まれます。始まりの時間を意識すると、心の準備もできます。また、提出物などの期限を守ることも大切です。

　また、「その時間にすべきことをする」ということも意識しましょう。授業中に別のことをするのではいけません。

「場を清め」「礼を正す」

　「場を清め」とは、掃除と整理整頓で学習環境を綺麗にするということです。床にゴミが落ちていれば拾い、ロッカーなどに入っているべきものが揃っているか、また、黒板消しなどがきれいな状態で定位置にあるかなど、小さな乱れがないかにも目を向けていきましょう。

　また、「礼を正す」とは、挨拶や返事、姿勢などで相手を尊重することです。教師と子どもたち、子ども同士の間に礼があるか、授業という時間や教室という空間に礼を尽くしているかなど、自身の心や子どもたちの心を見直すようにしましょう。挨拶と返事、姿勢などから分かります。

➡ Advice!

　まずは教師自身がこの三原則を強く意識しましょう。次に、学級全体でこの三原則が大切だと思えるように、子どもたちと一緒に意識化を図り、だんだんと教室に根付いていくように仕向けましょう。

CHAPTER 4　道徳授業以外でも！　必ず子どもに教えておきたい「道徳」　**139**

メンタルヴィゴラス

「前向きに取り組みましょう！」と呼びかけても、それだけで、すぐその通りに子どもたちは行動するわけではありません。どんなことを教えれば、子どもたちの行動は変わってくるのでしょうか。

ここがポイント！

『「プラス○○」の提示で心を前向きに変えていく』

心を前向きにする方法

「メンタルヴィゴラス状態」という言葉を知っていますか。この言葉は、メンタルトレーニング指導の国内第一人者とも言われる西田文郎さんが提唱されていることです。「ヴィゴラス（vigorous）」とは「前向き・力強い」という意味があります。つまり、「メンタルヴィゴラス」とは「心を前向きにする」「心を力強くする」ということです。

人の心をどう前向きにするか、とういうことの一つの方法が、「メンタルヴィゴラス」の実践なのです。脳と心の関係は強いものがあります。

言葉・動作・表情・イメージ

では、どうすれば心が「メンタルヴィゴラス状態」になるのでしょうか。それには、「言葉」「動作」「表情」「イメージ」が大切だと言われています。これらを、プラス方向に変えていけばいいのです。

「できそうにない」と言うのではなく「きっとできる！」と言うほうが、脳はその人の力を引き出すと言われています。

「プラス○○」がいっぱいのクラスに

子どもたちに、心を前向きにすることを伝えるときは、「プラス言葉」「マイナス言葉」などというように「プラス」「マイナス」という言葉を付けて教えるようにすると分かりやすいでしょう。例えば、「元気いっぱいの挨拶はプラス動作」というようにです。

「学級にプラス○○（言葉、動作、表情、イメージ）をたくさん増やしましょう！」と呼びかけ、それが実践できている子どもをどんどん見つけてほめましょう。そうすることで、子どもたちもだんだんと習慣化することができるようになります。

≡≫ Advice!

学級内で、どんな言葉、動作、表情、イメージがあふれてほしいか、ノートなどに書き出してみましょう。教師自身が、なってほしい子どもたちの具体的な姿をイメージできていると、指導も明確になっていきます。

CHAPTER 4　道徳授業以外でも！　必ず子どもに教えておきたい「道徳」　**141**

自分自身に哲学的な問いを向ける②

(「Column 3　自分自身に哲学的な問いを向ける①」(p.128) からの続き)

　「誰しもが目標をもつ経験をしたことがある」ということに気が付けた私は、「そもそも人間は、大小は問わずとも目標をもつ存在である」という考えに至りました。その考えをもてたときに、目の前の霧がサッと消えてなくなっていくような感覚をもつことができたのです。同時に、「先人を扱った授業をよりよくすることができる」という感触も得ることができました。

　早速、その手応えを活かすべく授業づくりに取りかかりました。

　ある先人を扱った授業のことです。授業の終末では、「なぜ○○さんは、このような目標をもち続けることができたのだろう？」という本質的な問いを子どもたちに出したいと思っていました。しかし、いきなりストレートに聞いても、「なんでこんな生き方を？」と疑問を抱いている子どもは思考を深めることができません。

　そこで、自分のもっとも聞きたいことを発する前に、次のようなことを問うてみました。

　「○○さんの生き方に共感することはできますか？」

　この問いに対し、子どもたちは思い思いの意見を語りました。共感できるという子も、共感できないという子もいました。それぞれの立場から自分なりの考えを語り合っていました。そして、この意見交流の後に、「なぜ○○さんは、このような目標をもち続けることができたのだろう？」とつなげていったのです。生き方に共感しにくい子も、生き方に共感している子も、すっと問いを受け入れることができていました。そして、登場人物の生き方に寄り添い、迫ることができていました。

　私は、この授業で、先人を扱った授業の一つの型を手にしたような実感を得ることができました。もちろん、完全ではありませんし、今後も改善を重ねていくつもりです。しかし、「そもそも目標とは何か？」という哲学的な問いを自分に出し、考え続けたことで、子どもたちが夢中で議論し、考える授業を生み出すことができたのです。

　「内容項目についての素材研究」の大切さを、改めて感じた授業となりました。

CHAPTER 5

〈 不安解消！「特別の教科 道徳」を成功させる 〉

評価の
ポイント

「特別の教科 道徳」では、評価をすることも新たに始まりました。

数値にできない道徳性をどのように評価すればいいのでしょうか。

本章では、気になる道徳の評価の示し方やそのポイントを紹介します。

CHAPTER 5

1 新学習指導要領が目指す道徳評価とは

学習指導要領が改訂され、「特別の教科 道徳」がスタートしました。「特別の教科 道徳」では、評価を実施するとのことですが、具体的に新学習指導要領では、どのような評価が求められるのでしょうか。

ここがポイント！

『「継続的に」「記述式」がキーワード』

😊 評価の基本方針

「小学校学習指導要領解説　特別の教科　道徳編」（平成29年6月：以下、「解説」という）には、評価に関して、「児童の学習状況や道徳性に係る成長の様子を継続的に把握し、指導に生かすよう努める必要がある。ただし、数値などによる評価は行わないものとする」（p.105）と書かれています。

ここでは、評価の方法と注意事項について提示されています。新学習指導要領では、基本的にこの記述の方向で評価が行われます。

😊 「継続的に」指導する

新学習指導要領に示された「児童の学習状況や道徳性に係る成長の様子を継続的に把握し、指導に生かすよう努める必要がある。」の箇所を見てみましょう。ポイントは、「継続的に把握し」のところです。「解説」では、「個々の内容項目ごとではなく、大くくりなまとまりを踏まえた評価とすること」（p.108）とされています。

それは例えば、ポートフォリオや道徳ノートなどを継続して評価するなどの方法が考えられます。

😊 数値などによる評価はしない

また、「ただし、数値などによる評価は行わないものとする。」という箇所に注目してみましょう。「解説」を追って見てみると、「他の児童との比較による評価ではなく、児童がいかに成長したかを積極的に受け止めて認め、励ます個人内評価として記述式で行うこと」（下線筆者）とされています。これらを実践するためにも、教師が子どもの様子や成長をしっかり観察し、とらえていかなければなりません。

≡▶ *Advice!*

1年間を継続して評価するのには、「道徳ノート」の活用がおすすめです。子どもたちに「5ミリ方眼ノート」など、他教科でも使用しているノートを用意させるとスムーズに導入することができます。

CHAPTER 5

2 指導要録への記載と通知表での示し方

「特別の教科 道徳」で評価が始まるということは、当然、指導要録や通知表にも評価を記載することになるのだと思います。具体的にどのようになるのでしょうか。

ここがポイント！

『指導要録や通知表のイメージを把握しておく』

なるほど、こうなるのかぁ

😊 指導要録や通知表は記述で示す

指導要録や通知表での示し方は「記述式」となります。これは、「道徳性とは、人間としてよりよく生きようとする人格的特性であり道徳的判断力、道徳的心情、道徳的実践意欲及び態度を諸様相とする内面的資質である。このような道徳性が養われたか否かは、容易に判断できるものではない。」という「学習指導要領解説　特別の教科　道徳編」（平成 29 年 6 月、p.107）に書かれている記述からきているものです。よって、「数値による評価はなじまない」ということにもつながるのです。

😊 指導要録や通知表の体裁は具体的にどうなるか

「指導要録」「通知表」ともに、道徳科にも外国語活動や総合的な学習の欄のような記述式の欄が差し込まれることになります。指導要録については、各自治体で違いはあるものの、基本的には同じような欄が作成されることになります。通知表は各学校で考え、形式を決定していきます。

平成 28 年 7 月 22 日に「道徳教育に係る評価等の在り方に関する専門家会議」により出された「『特別の教科 道徳』の指導方法・評価等について（報告）」の別紙 2 に様式イメージが掲載されており、インターネット上でも閲覧可能なので、ぜひご覧になってください。

😊 系統的に評価できるように

指導要録や通知表に子どもたちの評価を記載していくためには、日々の道徳授業での記録の積み重ねが欠かせません。

前項（CHAPTER 5-1）でも触れた「ポートフォリオ」「道徳ノート」など、系統的にまとめることで、子どもたちの成長を見て取れるものを用意することを忘れないようにしましょう。

➤ *Advice!*

「その子ならでは」の成長を感じられるような評価記述を書けるようにしましょう。それは、授業中に子どもたちの発表をいかに教師が聞き取り、記録していくかということにかかってきます。

CHAPTER 5

3 道徳教育評価と道徳授業評価

「道徳教育評価」という言葉と「道徳授業評価」という二つの言葉を聞きました。この二つの言葉は、どのように違い、どのような関係性をもつのでしょうか。

✎ ここがポイント！

『「子どもたちへの評価」と「教師への評価」は両輪』

授業とは子どもと教師とで成り立つもの

「小学校学習指導要領解説　特別の教科　道徳編」（平成29年6月）には、「道徳科における児童の学習状況及び成長の様子についての評価」と「道徳科の授業に対する評価」の二項目が記載されています。簡潔に言うと、「道徳科における児童の学習状況及び成長の様子についての評価」は子どもたちへの評価であり、「道徳科の授業に対する評価」は授業者である教師に向けての評価です。授業とは、子どもと教師とで成り立つものであり、両者が成長していかなくては、よりよい道徳授業の創造を達することはできません。

ねらいに意識を向けてみよう

子どもを評価するための「道徳科における児童の学習状況及び成長の様子についての評価」（「道徳教育評価」）を実施するためには、道徳教育を実施するにあたっての「ねらい」が大切になります。「何を目指して授業をするのか？」ということが明確にならなければ、評価を実施すること自体が難しくなってきます。ねらいの適切な設定のためには、何よりも教材研究が重要となります。中でも、一人の人間として教材と向き合う「素材研究」を大切にしましょう。

道徳授業評価について

授業者である教師を評価するための「道徳科の授業に対する評価」（「道徳授業評価」）も大切な観点です。後のCHAPTER 5-6でも詳しく説明をしますが、今回の「小学校学習指導要領解説　特別の教科　道徳編」（平成29年6月）には、かなり細かなところまで踏み込んで、道徳授業評価について書かれています。観点別にもかなり細かく分かれています。インターネット上で閲覧可能なので、ぜひご一読ください。

➤ *Advice!*

「道徳教育評価」と「道徳授業評価」は、それぞれ単独のものではなく、車の両輪のような働きをしています。よりよい授業を実施するためにも、バランスよく両方へと目を向けるようにしましょう。

年間を通した評価と授業1コマについての評価

授業には、「年間を通した評価」と「授業1コマについての評価」が生まれます。それぞれどのような点に気を付けて評価を行えばいいのでしょうか。また、その違いは何なのでしょうか。

ここがポイント！

『道徳教育のねらいと特性をしっかりとらえる』

なるほど、年間を通した評価のポイントと1コマの授業での評価のポイントは、それぞれこういうことだったのか……

年間を通した評価

　年間を通した評価のポイントは、「個々の内容項目ごとではなく、大くくりなまとまりを踏まえた評価とすること」です。また、「個人内評価として」「記述式」ということも大切な視点と言えるでしょう。

　年間を通してということで、ポートフォリオや道徳ノート、教師による行動観察などで、１年間の成長を記録することが評価の際の材料となります。１年の中で、多面的・多角的な見方が発展しているか、道徳的価値の理解が深まっているか見て取り、内面の変容を記述します。

１コマの授業評価では、まずねらいを考える

　評価をするためには、ねらいの設定がなされていなければなりません。まずは、ねらいの決め方を考えてみましょう。

　ねらいを決めることには、二つの立場があります。まずは、「友達と仲よくし、助け合う心情を育てる」のように、新学習指導要領の内容に準拠して設定する立場です。もう一つは、「友達と仲よくすることのよさについて考え、今後の自分についての考えをプリントに書く」のように、具体的で行動目標的な記述をする立場です。日々の授業では、学習指導要領の内容についてのねらいと子どもたちの具体的な行動のねらいをもちましょう。

内容項目ごとの評価はしない

　道徳科では、他の教科で設定されている「内容のまとまりごとの評価規準」に準じたものは設けないとされています。道徳教育は、道徳の時間のみならず、学校教育活動全体を通じて行われるものとされているからです。また、他の教科のように達成目標的なものとは異なり、「一人一人のよい点や可能性、進歩の状況」といった「向上目標的」だからです。

　「ここまでしなければならない」という線を設けないのが道徳なのです。

➤ *Advice!*

　ねらいを適切にするには、やはり教材研究、それも教師自身が教材や価値と向き合う「素材研究」のもと、子どもたちにどんなことを考えてほしいのか具体的な行為まで落とし込むことがポイントです。

CHAPTER 5 評価規準・評価観点の作成ポイント

道徳科では、評価作成の必要が生まれました。そもそも毎回の授業で、子どもたちをどのように評価していけばいいのでしょうか。また、どのようにして、評価規準を作成すればいいのでしょうか。

ここがポイント！
『ねらい設定を具体化して評価する』

😊 できるだけ具体的な評価規準を

1時間の中でも、子どもの変容が期待できます。だからこそ、ねらいが設定され、評価が設けられるのです。日々の授業では、そのねらいの設定を具体化し、評価もできるだけ具体的なものにしなければなりません。例えば、「仕事とは喜びや達成感、使命感があることで充実したものになることについて、考えることができる。」（小学校5・6年【勤労】）などです。

😊 資質・能力の三つの柱

ねらい設定は、何をもとにすればいいでしょうか。新学習指導要領では改訂にあたり、資質・能力の三つの柱が示されました。「何を理解しているか、何ができるか（知識・技能）」「理解していること・できることをどう使うか（思考力・判断力・表現力等）」「どのように社会・世界と関わり、よりよい人生を送るか（学びに向かう力、人間性等）」という三つです（中央教育審議会教育課程企画特別部会の論点整理（平成27年8月））。

道徳科では、特に「どのように社会・世界と関わり、よりよい人生を送るか（学びに向かう力、人間性等）」という点と深く関係してきます。

😊 「学びに向かう力、人間性等」

「学びに向かう力、人間性等」については、「①「主体的に学習に取り組む態度」として観点別評価（学習状況を分析的に捉え評価する）を通じて見取ることができる部分と、②観点別評価や評定になじまず、こうした評価では示しきれないことから個人内評価（一人一人のよい点や可能性、進歩の状況について評価する）を通じて見取る部分がある」とされています（前掲「『特別の教科 道徳』の指導方法・評価等について（報告）」（平成28年7月））。道徳科の評価については、特にこの二つの観点に留意する必要があるでしょう。

≡▶ *Advice!*

具体的なねらいと評価を設定する際、「この教材を通して変容してほしい子どもの姿」をしっかりとイメージしましょう。イメージをはっきり明確にもつことで、教材研究も授業進行も確かなものになっていきます。

CHAPTER 5-6 道徳授業評価の方法とポイント

「学習指導要領解説　特別の教科　道徳編」には、道徳授業に対する評価についてまで詳しく書かれていると聞きました。自分自身の力量アップのためには、どのような評価をすればいいでしょうか。

ここがポイント！

『学習指導要領解説の内容を必ず読む』

😊 よい授業に変える四つの観点

「学習指導要領解説　特別の教科　道徳編」（平成 29 年 6 月：以下、「解説」という）には、「道徳科の授業に対する評価」という記述も設けられています。学習指導過程について「よい授業に変えていくためには、どうすればいいのか？」という評価を指導に活かす観点は、とても大切です。「自己を見つめられるよう適切に構成されていたか」「発問」「児童の発言」「配慮を要する児童に適切に対応」などの観点が示されています。ぜひ、参考にしていきましょう。

😊 指導の方法を見直す

また、「解説」には「学習指導過程や指導方法に関する評価の観点」の柱として、主に次のものが挙げられています。「ねらいを達成するための方法」「多面的・多角的な思考を促す方法」「児童の発言に対する対応・指導」「教材・教具」「児童の実態・発達段階」などが適切でふさわしいものかです。どれも大切なことですが、一気にこなすことはなかなか難しいものです。まずは、そのときに特に意識すべき観点は一つにしぼり、授業に臨むようにするといいでしょう。

😊 授業の評価をどうするか

さらに「解説」には、「授業に対する評価の工夫」として、評価主体は「授業者自ら」「他の教師」が挙げられています。

自分の授業を他者に見てもらうことは、道徳科の授業に限らずどんな教科でも授業者の力量向上につながります。そういった機会があれば、どんどん積極的に参加していくべきです。また、授業者自らが「録音」「録画」「板書記録」などを残すことで、学習内容を振り返るという方法もあります。意欲的に自分自身の授業を評価するようにしましょう。

➤ Advice!

自分の授業を録音し、通勤中などの隙間時間に聞くようにしてみると、自分の授業の改善点を知ることができます。また、子どもたちの議論を改めて聞くことで、授業の工夫すべき点なども見えてきます。

「道徳読み」で知った子どもの感性の豊かさ

　私が参観した道徳の公開授業では、「教師の発問」を中心に展開していくものがほとんどでした。道徳の授業において「どんな発問を教師が出すか」ということは、極めて重要な要素の一つであり、良質な問いから良質な思考が生まれることも事実です。私自身、何度も実践してきた道徳授業からも、それは間違いのないことだと感じています。

　しかし、「道徳読み」を知り、取り組みを続けていくうちに、次のようなことを実感するようになりました。

　「教師から発問を出す前に、子どもたちが教材からどんな道徳を感じたのかを共有してから発問につなげるほうが、発問に対する子どもの思考が深くなる」ということです。

　「道徳読み」について、あちこちで話をさせていただく中で、「もしも、子どもが教材の重要な部分に気が付かなかったらどうするのでしょうか？」といった質問をいただくこともありますが、私が「道徳読み」を何度も繰り返し行ってきた中で、そのようなことは一度もありませんでした。むしろ驚いたのは、子どもたちは、中心発問につながる道徳的な箇所に何らかのことを感じるだけではなく、「教師の私が強く感じたことと、子どもたちが強く感じたことの差はさほどない」という事実でした。

　ある日の道徳授業でのことです。授業前に行う素材研究において、私は何度も何度も教材に線を引きながら、自分の感じたことや考えたこと、特に終盤では、「登場人物の二人は家族のようだ」と強く感じ、教材に書き込みをしておいたのですが、子どもたちが「道徳読み」に取りかかり、机間指導をしている際、ある子どものノートに次のような書き込みを発見しました。

　「二人は家族のようだ」

　それは、私が何度も素材研究を重ねて得たものと同じであったのです。そのときに、子どもたちの感性の豊かさを改めて知らされることになりました。

　「子どもの可能性」を、「道徳読み」の学習から強く感じることができた印象深い授業となりました。

　本書をお読みくださり、誠にありがとうございます。いかがでしたでしょうか。本書で紹介した方法が、一つでも先生方の道徳授業のお役に立つことができましたら幸いです。

　授業というものは、本当に奥深いものです。私の授業など、まだまだ拙いものですが、それでも自分なりに実践を積み重ねていくことで、少しずつ見ることのできる世界が変わっていきます。

　私自身、道徳授業で何が変わったのかと言えば、それは、自分なりの研究を積み重ねることを通し、子どもたちの意見から学ぶことが多くなったということです。

　毎回の授業では、できる限りの準備をします。教材を読み込み、道徳的価値について深く考えるという作業を行います。教材に何度も何度も線を引き直したり、道徳的価値について自分が考えたことをノートに書き込んでいったりします。準備した発問も、何度も書き直すことも当然あります。それでも、子どもたちの真剣な議論が私の思考を超えていくことがあります。「そんな考えもあったんだな」「そう考えるのか」など、指導者である私が思ってはいけないことかもしれませんが、素直にそのように思える場面が何度もあります。まさに、授業は真剣勝負と感じさせられる場面です。自分の思考が子どもたちの思考に超えられることのないようにと、何度も素材研究をして臨みますが、それでも、道徳授業においては、そうしたことが繰り返し起こります。

　私は、そうした道徳授業を心から楽しんでいます。もちろん、授業の目的は子どもたちの道徳性を高めるためであり、そのことを忘れるような授業をしているわけではありません。むしろ、その目的の達成を目指した延長線上に、「授業の楽しみ」がついてきているのです。今後も、こうした授業をこれまで以上に追究し続けていきたいと思います。

　なお、本書作成にあたり、さまざまな方々にご指導・ご助言をいただきました。特に、「道徳読み」を提唱された横山験也先生には、この場を借りて御礼申し上げるとともに、今後も「道徳読み」の研究がますます発展していくことを心より願ってやみません。

　また、日々発行している私の拙い「道徳授業実践記」をお読みいただいている先生方にも、ここまで多くのご指導をいただきました。改めて御礼申し上げるとともに、今後も変わらぬご指導をお願い申し上げる次第です。

　最後に、私の執筆意欲を引き出し、至らぬところを補っていただくなど、全面的なサポートをいただいた学陽書房の皆様には、改めて御礼申し上げます。本書を生み出す機会をいただけたことを、心より感謝いたします。

　日本中の教室で行われる道徳授業が、「わくわく感」に満ちあふれることを願いつつ、筆を置かせていただきます。

　　　　　　　　　　　　　　　　　　　　　　　　丸岡慎弥

著者紹介

丸岡慎弥（まるおか しんや）

1983年、神奈川県生まれ。三重県育ち。
大阪市公立小学校勤務。関西道徳教育研究会代表。銅像教育研究会代表。2つ
の活動を通して、授業・学級経営・道徳についての実践を深め、子どもたちへ、
よりよい学び方・生き方を伝えるために奮闘中。道徳を中心として授業づくり・学級
づくりにもっとも力をそそいでいる。
著書に『日本の心は銅像にあった』（育鵬社）、『ココが運命の分かれ道!?　崩
壊しない学級づくり　究極の選択』（明治図書）、共著に『朝の会・帰りの会
基本とアイデア184』（ナツメ社）、『プロ教師＆弁護士が正しくアドバイス！
教師を守る保護者トラブル対応術』（学陽書房）など多数ある。

やるべきことがスッキリわかる！
考え、議論する道徳授業のつくり方・評価

2018年4月18日　初版発行
2018年8月24日　3刷発行

著　　者　　　丸岡慎弥
　　　　　　　まるおかしんや

ブックデザイン　　スタジオダンク
DTP制作　　　　スタジオトラミーケ
イラスト　　　　加藤陽子
発　行　者　　　佐久間重嘉
発　行　所　　　株式会社 学陽書房
　　　　　　　　東京都千代田区飯田橋1-9-3　〒102-0072
　　　　　　　　営業部　TEL03-3261-1111　FAX03-5211-3300
　　　　　　　　編集部　TEL03-3261-1112　FAX03-5211-3301
　　　　　　　　振　替　00170-4-84240
　　　　　　　　http://www.gakuyo.co.jp/

印　　刷　　　加藤文明社
製　　本　　　東京美術紙工

©Shinya Maruoka 2018, Printed in Japan
ISBN978-4-313-65354-2　C0037

乱丁・落丁本は、送料小社負担にてお取り替えいたします。
定価はカバーに表示してあります。

JCOPY　＜出版者著作権管理機構 委託出版物＞
本書の無断複製は著作権法上での例外を除き禁じら
れています。複製される場合は、そのつど事前に、
出版者著作権管理機構（電話03-3513-6969、
FAX03-3513-6979、e-mail: info@jcopy.or.
jp）の許諾を得てください。

学陽書房の好評既刊！

プロ教師&弁護士が正しくアドバイス！教師を守る保護者トラブル対応術

丸岡慎弥・大西隆司 著
◎A5判160頁　定価＝1900円+税

クラス替え要求、評価への不満、SNSトラブルやいじめの相談……保護者からの無理難題やクレームへの上手な対応術を、経験豊富な現役教師と学校トラブルのエキスパートである弁護士が分かりやすく教えてくれる本書。いざというときに慌てないための具体策とアドバイスが詰まった現場で必ず役立つ一冊です！

新任1年目でもうまくいく！子どもの心をパッとつかむ驚きの授業ルール

中嶋郁雄 編著
◎A5判136頁　定価＝本体1700円+税

「学級づくり」も「生活指導」も「保護者対応」も、その基礎は毎時毎時の「授業」がカギ。授業づくりのエキスパートたちが、「これならばうまくいく！」と自信と確信をもって紹介する極意と授業ルール。「明日の授業をどうしよう」「子どもがさっぱり食いついてこない」などと悩んでいる先生に、現場で必ず役立つアイデアや成功ポイントなどがぎっしり詰まった一冊です！